諾頓上校在海拔二萬八千呎高處

「他發現自己像是從一塊磁磚跨到另一塊磁磚，每一塊光溜溜的磁磚都以不變的角度持續向下……。」

協格爾寺的方丈
「他只剩一顆牙齒；儘管如此，他的微笑仍令人感到十分愉悅。」

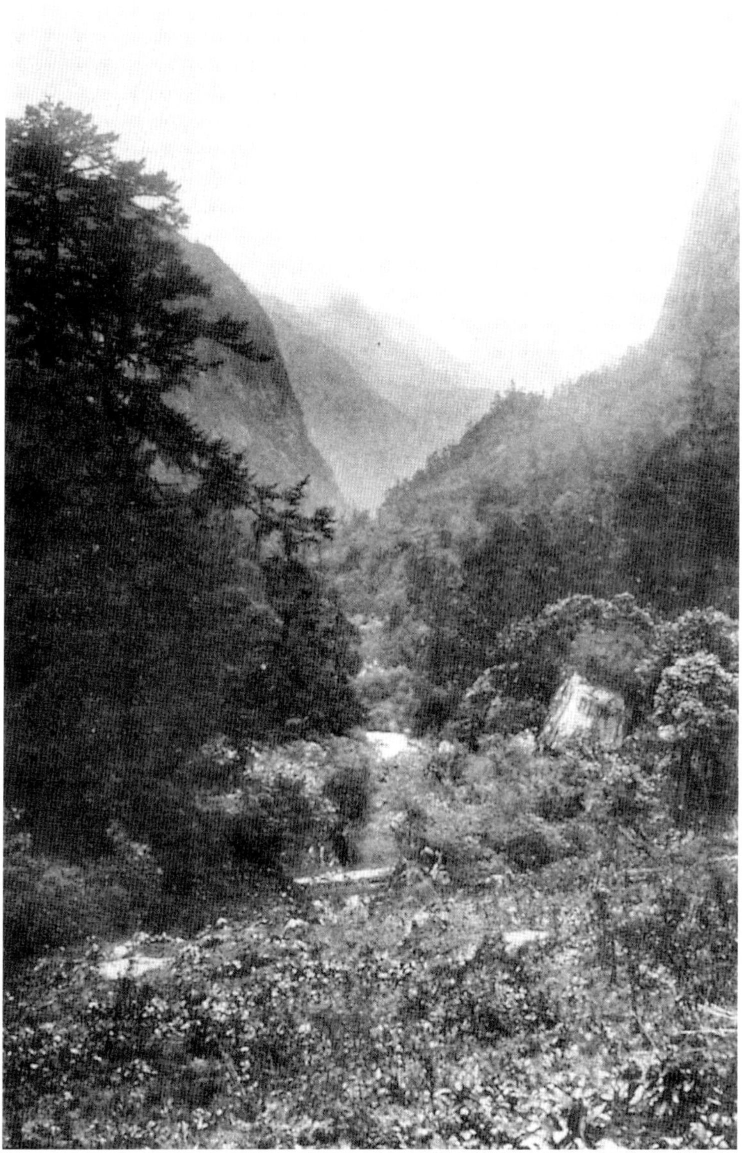

嘎瑪峽谷
「它可能是整個喜馬拉雅山區最美的溪谷。」

綽莫拉日峰的山崖——攝自佩當的營區

「站在西藏入口看守國門的步哨，是崇偉的綽莫拉日峰，高二三九三〇呎。它並非最高的山峰，卻最美、最出眾。」

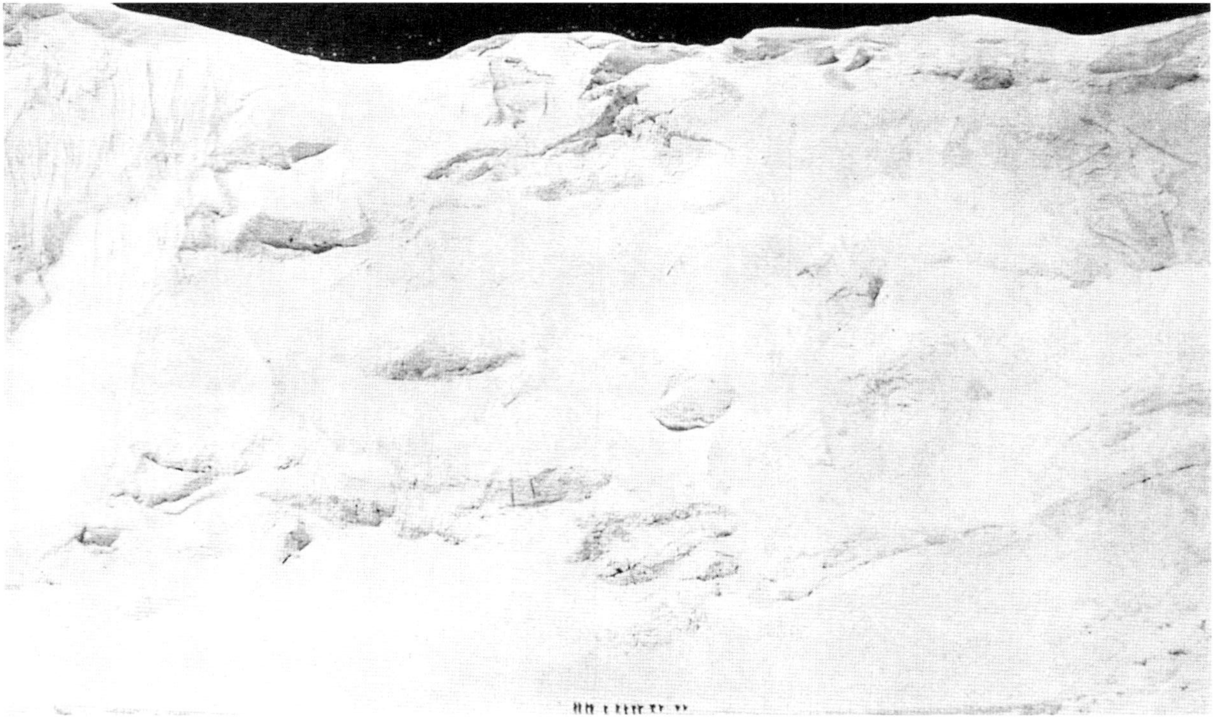

北坳

「它連結聖母峰陡峭的北壁和一座位於北邊的山峰，也就是現在所稱的北峰。」

暮色籠罩的基地營與聖母峰

「基地營，海拔高達一萬六千五百呎，所以登山者們所在點已高於山腰了。因此，眼前這世界最高峰在這裡看起來，它的大小規模倒比較像白朗峰。」

東絨布冰河上的冰錐，在第二營區上方

「絨布冰河與其說是條通往山頂的衢道，不如說是一項障礙。在較高的部分，它是個『冰錐的童話世界』；冰塊融化成無數小尖塔，最大者約五十呎高。」

往北坳的路徑（照片中的字：第四營，建在這塊岩架上方）

「攀上北坳的那段路是整個攀登聖母峰的路程中最艱困、最危險的一段。那是一道冰和雪結合成的山壁和坡道，其上有裂冰的罅隙，隨時有崩坍之虞。」

聖母峰的北坳與東北肩

「從那上面他們能夠看見北壁的上方朝後傾斜，斜度並非陡到不能克服，特別是北坳往上一直到東北肩——這條路在以後的攀登行動中都被採用。」

馬洛里與諾頓

「馬洛里寫道：『我必須將諾頓在公文上不能說的話告訴你，那就是：他——我們這位團長很了不起。他知道整部組織，從A到Z，他的眼睛看到一切，每個人都能接受他；他讓全團的人都覺得愉快；他總是充滿興致；在平易近人中，有其威嚴。』」

第一組登山隊（由左至右）：摩斯海德、馬洛里、索默威爾及諾頓

「一九二二年五月二十日當可視為人類首度踏上聖母峰的日子。但歷史並未確實記錄這四位登山者中，哪一位首先落腳在那始於北坳的上山坡面上。」

第二營

「第二營區坐落於一道冰牆下，位於這驚人冰世界最為如夢似幻的區段。」

一九二四年探險隊成員：（後排由左至右）哈熱德、興斯頓、索默威爾、比譚、雪畢爾；（前排由左至右）J.G. 布魯士、諾頓、諾爾、歐岱爾

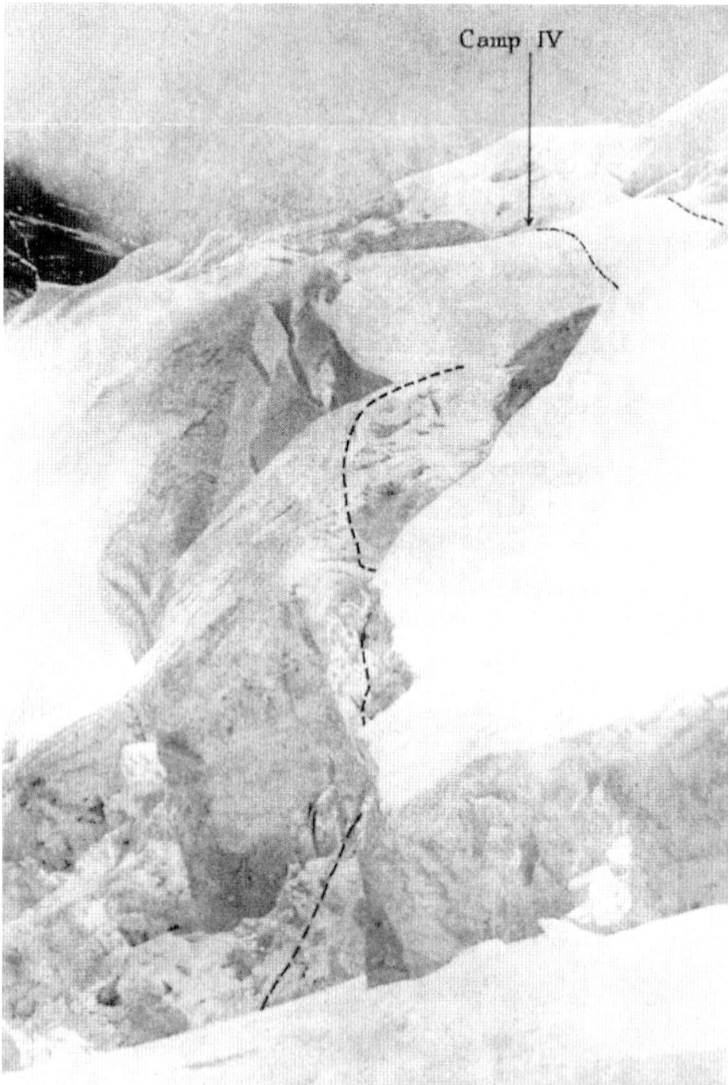

爬上煙囪的路

「為了沿著那道裂縫的低緣前進，他們無論如何必須克服這個令人討厭的破口，而惟一的方法就是深入裂縫底部再爬上那冰壁和『煙囪』。」

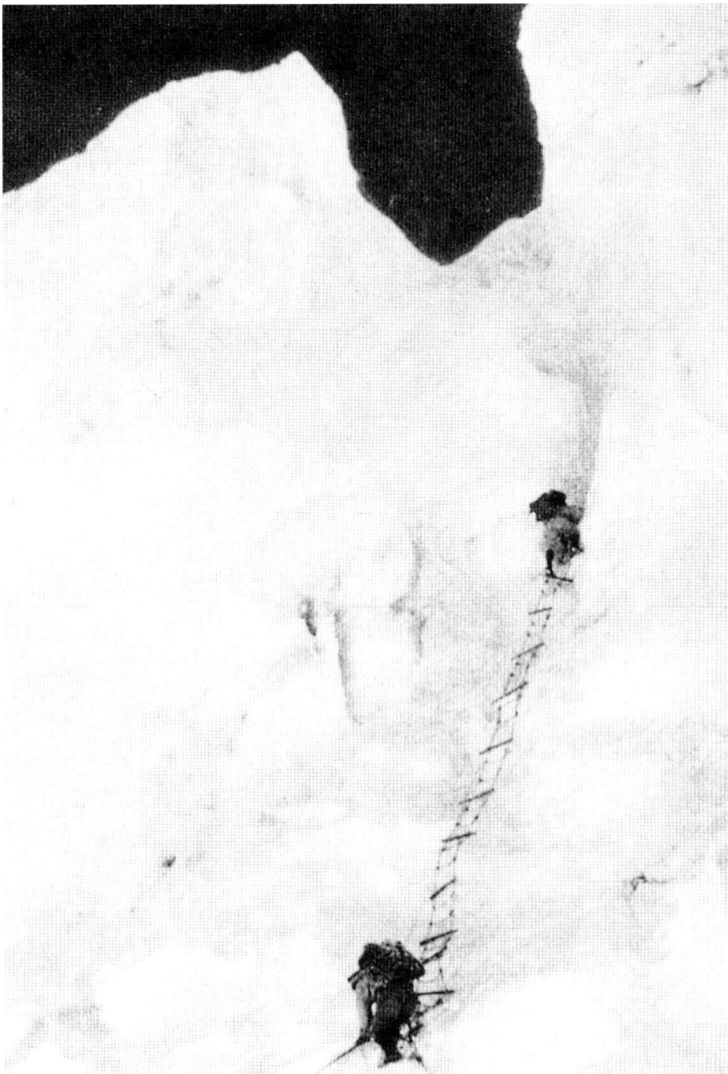

北坳的煙囪
「這道『煙囪』是你在任何一座大山中所能料想得到的最陡、最艱難的坡段，馬洛里說。」

爬得最高的挑伕（由左至右）：波姆（Bom）、納普布・伊夏、仙春碧、洛卜桑、拉克帕・切第、昂天仁（Angtenjin）

Travel Classics Library

探險與旅行經典文庫

10

馬可孛羅

THE EPIC OF MOUNT EVEREST

聖母峰史詩

Sir Francis Younghusband

法蘭西斯・楊赫斯本爵士

黃梅峰——譯

導讀

山就在那兒

詹宏志

登山者當被問到為什麼要爬某座山時，常常給一個已經用濫了的詩意或者禪意的回答：「因為它就在那兒。」（Because it is there.）

從這句話我們也看出，「爬山登頂」本來沒有任何「實用的」價值，那是一種信仰激情或虛榮想像。文革時代插隊到雲南的小說家阿城有一次曾經對我說，在雲南深山裡，偶而有文明世界的外來客欲攀山登頂，山裡頭的村落居民對這樣瘋狂而無意義的行動感到不可思議，因而相信這些外來登山客有「神性」，不得不另眼相看……。

的確，爬上喜馬拉雅山的西方人仰賴雪巴人（Sherpa）的幫忙，雪巴人千年來就住在喜馬拉雅山山麓，卻從來沒想過要登頂；同樣的，第一位抵達北極極心的羅勃・派瑞（Robert Peary, 1856-1920）也仰賴愛斯基摩人的幫助，愛斯基摩人對他的奇怪目的地也感到不解，他們還曾認真勸他：「為什麼要去那兒？那裡什麼都沒有哇？」原始真誠的一句話，也有點「國王的新衣」的味道，偉大的目標常常有某種「空洞性」，而「空洞性」有時候就是「神聖性」的另一種面貌。

但真正發明「因為山就在那兒」這句話的，是二十世紀初的一位天才登山家，他在一九二四年參加由愛德華・諾頓（Edward Felix Norton, 1884-1954）領軍的英國喜馬拉雅山探險隊，在負責攻頂之後消失了蹤影，沒有再回到營區。這個悲劇不但在當時讓英國百姓黯然神傷，也使攀登喜馬拉雅山的埃佛勒斯峰頂（如今為了尊重西藏人，都改稱珠穆朗瑪峰了）的行動停頓了三十年，他的名字叫做喬治．馬洛里（George Mallory, 1886-1924）。

一九二四年六月八日中午時分，喜馬拉雅山探險隊伍中的諾埃爾．歐岱爾（Noel Odell, 1890-1987）抬頭眺望，山上的雲層突然打開，他看見山頂岩壁上有黑點般的人影移動，他是這樣記錄的：

「十二點五十分，我發現第一塊埃佛勒斯峰確定的化石，正當我從狂喜中清醒過來，大氣突然晴朗清澈起來，整個埃佛勒斯峰頂稜線與峰頂頂尖都清楚可見。我的眼睛盯住了稜線下岩梯雪壁上的小黑影，小黑點正在移動。另一個小黑點也清楚了，它往上移動與第一個黑點會合於岩壁上。第一個黑點逼近岩梯巨石，很快地攀登上它，第二個黑點也接著做了同樣的事。但這個迷人的景觀很快就又消失了，雲層再一次包圍了它。」

歐岱爾是位地質學家，他這次的工作是準備氧氣筒，並且協助喬治．馬洛里和另一位隊員安德魯．厄文（Andrew Irvine, 1902-1924）攻頂。馬洛里和厄文前一天已經到達紮在雪壁上的六號營，高度是二六八〇〇呎（八一三〇公尺），離珠穆朗瑪峰頂只剩兩千多呎了，歐岱爾則留在五號營（二五五〇〇呎，七七七五公尺）支援。前一個晚上，歐岱爾在五號營看見天氣良好，心裡覺得第二天應該是攻頂的好天氣。

十二點五十分他看見的移動黑影，應該是世人對負責攻頂的馬洛里和厄文的最後目擊，事實上攻頂的行動顯然是耽擱了，按計畫他們應該在早上八點就到達十二點五十分歐岱爾看到的位置。但上面的情況無人能知，在歐岱爾目擊雪壁上的黑點再度被雲霧遮掩之後，他們再也沒有音訊。

這也不是這支探險隊第一次攻頂，事實上這已經是第三次。第一次攻頂是由馬洛里和另一位隊員，第二次攻頂由隊長諾頓和另一位隊員，第三次才由馬洛里和厄文並肩行動。這也不是第一次英國組喜馬拉雅山探險隊，這也是第三次。在另一位大探險家楊赫斯本（Francis Younghusband, 1863-1942）的提倡與鼓吹之下，英國在一九二一年、一九二二年、一九二四年共組了三次企圖攀登喜馬拉雅山的探險隊，以登山技巧和體能聞名的馬洛里三次探險隊都參加了。

第一次探險行動主要目的是調查喜馬拉雅山的地形狀況，他們攀登了數座七千多公尺的高山，並且踏勘了後來的北路登山路線。第二次探險隊的目標已經是直接攻頂了，他們嘗試使用瓶裝氧氣，也在惡劣的天候中攀登至山峰北面的岩壁上（大約是二七〇〇〇呎，八三〇〇公尺），最後的行動因為雨季來臨而中斷，當馬洛里率隊友回程下山時，遇見不穩新雪造成的雪崩，七名雪巴挑伕因而喪生，使得馬洛里返鄉後飽受批評。這是第三次探險隊成行時，馬洛里志在必得的心理背景。

馬洛里的失蹤對英國社會震撼極大，舉國上下幾乎是以失去「民族英雄」的心情來對待兩位消失的登山家。攀登喜馬拉雅山的壯志也因而受了重挫，等到英國登山界再組探險隊，由約翰・韓特（John Hunt, 1910-1998）領軍，並由紐西蘭登山家艾德蒙・希拉瑞（Edmund Hillary, 1919- ）和雪巴人嚮導丹增・諾蓋（Tenzing Norgay, 1914-1986）正式由南路攻頂成功，那已經是一九五三年五月二十九日的事，距離歐岱爾最後看見雪壁上馬洛里的黑點身影，已經快三十年了。

但世人忍不住還是要想，馬洛里發生什麼事？驟變的氣候？還是用罄的氧氣帶來的意識不清？還是雪崩或失足？世人也忍不住更想知道，出事之前他們到底登頂了沒有？

在雲開天清歐岱爾最後目擊他們時，他們已經越過了岩梯第一階（First Step，珠穆朗瑪峰北路的最後一面岩壁有階梯似的刻痕，第一階約在二七八九〇呎到二八〇〇〇呎，第二階在二八一四〇呎到二八三〇〇呎，第三階則在二八五一〇呎到二八八七〇呎，過完了這三階岩梯，再經一段緩坡就到峰頂），來到第二階，也就是說，他們距離峰頂只剩不到三百公尺了，他們極可能才是史上最先抵達第一高峰峰頂的人。

尋找馬洛里和厄文遺體，當然也是世人關心的事。一九九九年，在英國國家廣播公司（ＢＢＣ）和其他組織的贊助下，一支由跨國登山家組成的搜查隊伍「馬洛里、厄文調查探險隊」（Mallory and Irvine Research Expedition）登上北路進行搜索，彷彿天意，他們竟然很快地在八一五五公尺處找到了馬洛里的遺體。由於嚴寒的氣候，馬洛里的遺體與遺物都保存良好。他顯然是摔落山壁的，右腿已經斷了，手指還緊抓雪地石塊，想要阻止自己進一步摔下來，繩子也還綁在腰上。

探險隊最想找到的遺物是馬洛里隨身攜帶的柯達袖珍相機（Kodak Vestpocket），如果相機能夠找到，他生前是否登上峰頂就可以有答案。可惜上帝一向愛出謎語，搜索隊找到馬洛里的人以及他大部分的遺物，相機卻已經不在了。

有一些間接證據，讓某些人和登山專家相信他們是登上過峰頂的。一個旁證來自馬洛里的女兒，她說她父親隨身攜帶妻子的照片，但他說一旦登上峰頂，他會把妻子的照片留在喜馬拉雅山頂上，搜索隊伍在他身上找不到這張照片。另一個證據來自於時間判斷，搜索隊發現馬洛里的護目鏡放在口袋，表示極可能他最後行動時天色已昏暗；對照歐岱爾看見他們的時間，他應該是上了峰頂而且待了一段時間才下山，如果他們沒登頂，他們沒有理由耽擱到那麼晚才下山。但這些都是推測，沒有任何扎實的證據能夠告訴我們究竟發生什麼事……。

序文

前後三次聖母峰探險，已由歷次參與者分別記述，並出版成這三本書：《聖母峰：探勘》（*Mount Everest: The Reconnaissance*, 1921）、《聖母峰攻堅記》（*The Assault on Mount Everest*, 1922）和《搏鬥聖母峰》（*The Fight for Everest*, 1924）。本書乃代表聖母峰委員會，根據上述三書內容濃縮而成。為了前後一貫、敘事簡捷起見，本書並未照錄以上三書原作者的用語，但已盡可能援用。對於帶回如此生動記述的英勇登山家們，筆者毫無保留地承認並感念他們的恩惠。

楊赫斯本

一九二六年六月

※附記

就在以下稿頁進行印刷之際，有一則相關新聞見報，但因時間太遲，已無法放入本文了。這則新聞是這樣的：郝丹博士（Dr J. S. Haldane）在他對牛津大學英國人文協會的人體生理部門就「高海拔水土適應」發表的演說中，表示聖母峰探險所得出的人類生理的最新事實，具有最令人震驚的性質。該事實顯示，甚至在二萬七千呎的高處，也可能達到充分的水土適應，而不致有高山病的任何症狀。諾頓、索默威爾和歐岱爾在那一高度上的經驗，便是結論。一個尚未適應的人，在二萬七千呎的高處待上無論多久的時間，都意味著絕對確定的死亡。他假設肺臟會主動向內分泌氧氣，並以此解釋聖母峰上的水土適應。

目次

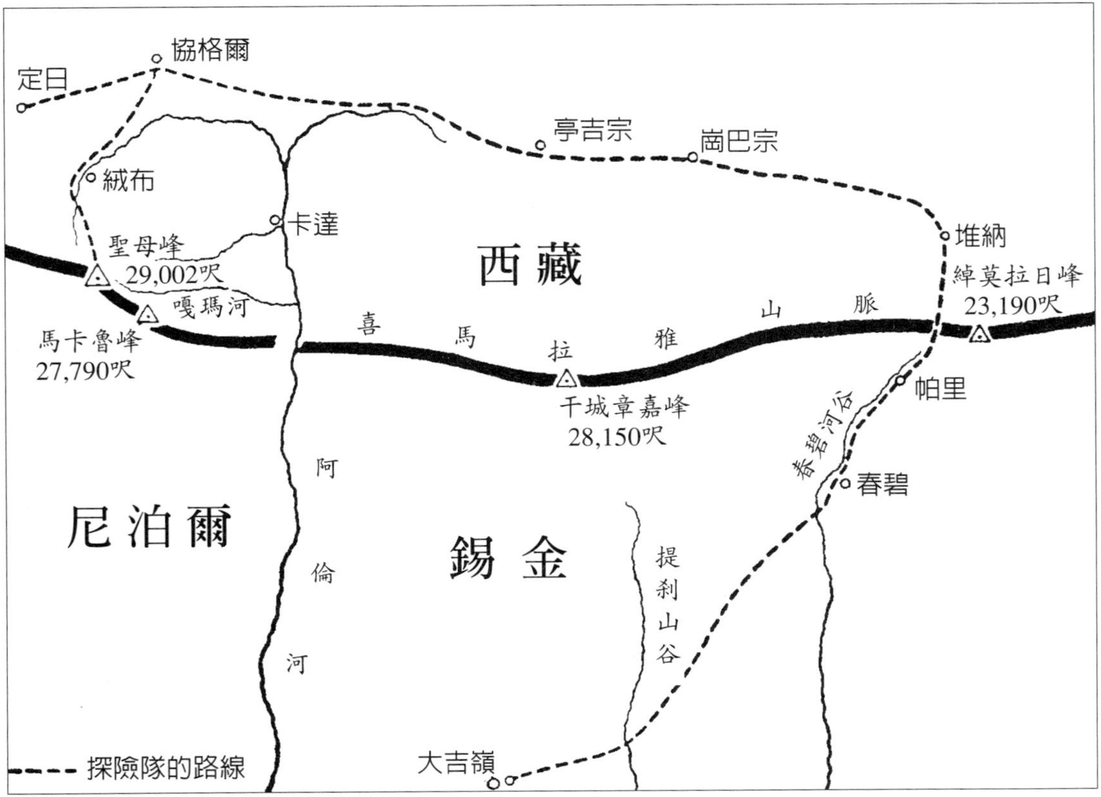

三梯次探險隊所採行的路線

第一章 想法

大家都知道，聖母峰[1]是世界最高峰，標高二九〇〇二呎（八八四八公尺）[2]；大部分人也都知道，有兩名英國人，馬洛里（George Leigh Mallory）和厄文（Andrew Irvine），在嘗試登上峰頂時喪失了生命——他們「最後一次被看見的時候，正矯健地往山頂攀登」，而山頂僅在八百呎外；他們必定幾乎或許事實上已登上了山頂。

這是如何辦到的？諾頓和他的同伴索默威爾（Howard Somervell）又如何不靠氧氣筒就分別登上了二萬八千一百呎及二萬八千呎的高度？歐岱爾（Noel Odell）又如何同樣不靠氧氣筒二度登高至二萬七千呎，何況如果再多幾名挑伕可能就登上了峰頂？喜馬拉雅山的挑伕們如何能夠負重攀高到將近二萬七千呎以促成登山家們的豐功偉績？何況在這次登山探險中，諾頓（Edward F. Norton）、索默威爾及馬洛里在二萬一千呎高處先經歷了一場異常厲害的暴風雪，氣溫陡降到華氏零下二十四度（約攝氏零下三十一度），接著又為了回頭營救受困在二萬三千呎高冰河中的四名喜馬拉雅山挑伕，用盡了他們最好的資源，卻仍創下上述佳績。這裡要敘述的就是那一段故事。

首先談到這些人心中的想法——要去攀登聖母峰的想法。

當我們看見一座山，遲早總會被吸引去嘗試登頂。我們不會讓它永遠站在那兒而不去踩踏一番。這部分是因為我們喜歡從高處俯瞰風景，更確切說，是因為山向我們提出了挑戰。我們必須能與它匹敵，必須表明我們能夠爬到它的最高點——表現給自己看，也表現給鄰居看。我們喜歡炫耀自己，展現自己的本領。登高是一番努力，但我們喜歡身體力行。這番作為令我們為自己感到驕傲，並帶來內心的滿足。

但當我們看到聖母峰，就知道這是相當不同的命題。爬到它頂上，是我們永遠不會夢想的事情。它直上雲霄，遠在人可觸及的範圍之外。至少看起來如此。自多少世代以來，成千上萬的印度人一直仰望那偉大的喜馬拉雅山群峰，連附近較低的山頭，遠較那大部分插天群峰為低的山頭，他們也不曾膽敢想去攀登。他們會穿著薄衣從印度的炎熱平原耐心忍受可怕的艱苦旅途，前往一處危立於喜馬拉雅山區冰河邊的朝聖地，途中所受的苦實在不下於任何聖母峰的登山者，但就算是攀登那巍巍高峰的想法也從不曾來到他們腦中，甚至那些一輩子都住在這山區、吃慣了苦的人也不曾有這念頭。他們能夠爬上峰頂——這份能耐可由他們曾在一九二四年背負輜重爬到將近二萬七千呎高處這事實加以證明。如果他們能夠負重爬到二萬七千呎，很可以假定他們卸下重負後能夠爬到二萬九千呎高。但他們還是從不曾打過聖母峰的主意。

那麼，那些來自北海的島民又如何會產生這種想法呢？回顧以往，我們看到瑞士人和義大利人給予我們此種靈感。阿爾卑斯山的諸高峰不過是喜馬拉雅巨峰群的一半高，但它們仍令人望而卻步，直至十八世紀末，瑞士人德．梭旭爾和義大利人阿斯貝沙（Placidus à Sopescha）才攀上它的高峰頂[3]。登山家們一路呻吟、氣喘吁吁，飽受頭疼及病痛之苦，但終究抵達了山之巔。一旦阿爾卑斯的最高峰被征服了，接下來較小的山頭也一一拜倒征服者腳下。很快地，我們英國人跟上了梭旭爾的腳步。整個十九世紀，我們投注全副心力在阿爾卑斯群峰的征服工事上；等它們一一被降服後，人們便轉而從事難度更高的遊戲。道格拉斯．佛瑞斯菲登上了高加索山最高峰[4]。馬丁．康威爵士登上了安地斯山最高峰[5]。義大利人也來參加這場戰鬥。阿布魯齊大公爬上了東非的魯文佐里[6]及阿拉斯加聖依利亞斯[7]等二山的最高點。

成功召來了更旺盛的雄心。阿爾卑斯山、高加索山及安地斯山一一被征服後，人們便將念頭動到宏偉的喜馬拉雅山頭上。德國的馮．許拉根外特（von Schlagintweit）三兄弟登高到了卡美特峰的二二二六〇呎處[8]。印度探勘隊的官員在執行勤務的路途上，走到了巍巍群山之間，他們的紀錄中有這樣的聲明：波卡克（J. S. Pocock）在一八七四年爬到了嘎爾華峰（Garhwal）的二萬二千呎處，而強森（W. Johnson）則爬上了崑崙山脈的一座尖峰，其高度後來被測為二三八九〇呎。

然而，對偉大高峰所做的重要出擊都是出於歐洲人——他們所受的訓練是來自攀登阿爾卑斯山所發展出來的登山技術。他們來自幾乎每一個歐洲國家，也有些來自美洲。葛雷翰（Graham）在一八八三年聲稱爬到二三一八五呎處；康威爵士披荊斬棘直上巴爾陀羅（Baltoro）冰河的喀啦崑崙群峰。瑞士人魁拉莫（Jacot Guillarmod）也在同一個地區探險。美國人瓦克曼（Bullock Workman）博士及夫人登上了二萬三千四百呎高處。龍史塔夫（T. G. Longstaff）博士登上了特里蘇峰頂，高二三四〇六呎〔七一二〇公尺〕。佛瑞斯菲則探索了干城章嘉峰[9]。

接下來便有了最認真的、組織最佳的登山團體，去嘗試登上人類所可能企及的高度。阻擋人爬上喜馬拉雅山眾高峰的，並非山上的實際障礙，如橫陳於人與峰頂之間的斷崖或冰雪。在阿爾卑斯群山之間，每一處實地攀爬皆與攀登喜馬拉雅山同等困難，而人類已經克服任何這類困難。他登上最令人毛骨悚然的危崖和峭壁，找到路徑到達最難以趨近的冰封絕壁。喜馬拉雅山的酷寒也不構成障礙：在極區，人類耐得住更為嚴厲的寒凍。真正的障礙在於高海拔空氣的缺氧。我們爬得越高，空氣越稀薄，氧氣便越少。氧氣是人類賴以維生、不可須臾或缺的物質。那麼——阿布魯齊大公所率領的義大利登山隊便認定——該問的問題只有一個：在高山上缺氧的空氣中，人憑自己的努力能抵達的高度究竟是多少？那時為一九一九年，當時想從位處聖母峰兩側的尼泊爾及西藏政府取得登山許可皆很困難，阿布魯齊大公遂未能在那兒從事他的實驗，於是他選擇了標高二八二七八呎的喀啦崑崙喜馬拉雅山脈第二高峰，亦即K2[10]。後來因為那座山頭不利於這場實驗，他又換爬新娘峰（Bride Peak），登高到二萬四千六百呎。如非濃霧及暴風雪，他有可能爬到更高的海拔。

所以，人類當時已經持續而穩定地邁向統御群山之路，爬上聖母峰的念頭已然深植人心。這件事早在一八九三年，布魯士（Hon C. G. Bruce）上校（現升任陸軍准將）即曾想過。他曾與康威爵士同在喀啦崑崙喜馬拉雅山區，而就在受聘服務於吉德拉爾（Chitral，編注：位於今巴基斯坦北部邊境）時，他提出了這個構想。然而，他將此構想付諸實行的機會從未發生。多年後，柯松公爵[11]——時任印度總督——向道格拉斯·佛瑞斯菲提議道：如果他，柯松公爵，能向尼泊爾政府取得許可，讓探險團經由尼泊爾登山的話，「英國皇家地理學會」（Royal Geographical Society）及「英國登山協會」（Alpine Club）應該聯合組成一支聖母峰探險團。不過，尼泊爾政府沒有發給許可，這提議也就沒有下文。尼泊爾人是個幽僻隱遁的民族，但因多年來和英國人相當友好，印度政府[12]便隨他們去，未予勉強。

已經膺任英國登山協會主席的佛瑞斯菲先生，當時又獲聘為英國皇家地理學會主席；他會提出這麼一個符合自己氣質的構想：組成一支聖母峰登山隊，一點都不奇怪。然而事不湊巧，他的任期恰好在大戰期間〔指一次世界大戰〕。大戰後，諾爾上校（Captain Noel）又提出這個構想——他曾於一九一三年間探勘過西藏那一側的喜馬拉雅山；那時，尚在人間的羅林准將（Brig General Rawling）也抱著這麼一個期望：至少將聖母峰探勘一番。當筆者在一九二〇年成為英國皇家地理學會主席時，將攀登聖母峰的構想付諸實行的時機似乎已趨成熟。本人早先在喜馬拉雅山度過好幾年，也曾在西藏待過，頗瞭解當地的狀況。再者，對於個人或攀登阿爾卑斯山那種三、四人小團體堪屬困難的事，由擁有豐富資源的大型組織來主持，往往不成問題。

同時，另一個方向也有大進展。事實上，當阿布魯齊大公在喜馬拉雅山中攀爬時，路易．布雷霍[13]飛越了英吉利海峽。大戰也為飛機的製造帶來極大的推動力。結果是：人類此時已能飛得比聖母峰的山頂還高。因此，人類到底能將自己升到多高這問題，似乎比較歸屬於飛行員，而非登山者；而飛行員達到的高度則已超過了登山者。那麼為何還要大費周章攀爬聖母峰，證明那已被證明過的事？

回答：這是完全不同的兩碼事。飛行員坐在飛行器中，吸著氧氣，讓機器將他往上帶。當然，他需要技巧和勇氣以駕馭飛機，但他的升高仍有賴於機器，並不是靠自己，而且他身旁備有充分的氧氣，以待空中氧氣不足時隨時補充。登山者卻必須仰賴自己的活力，必須讓自己貼近地表。我們想知道的是：地表上是否有人類不靠任何補助器材即無法上達的地方。所以，我們選了這座最高的山，在那上面進行這場實驗。

有些人的的確確質疑：搞得這般麻煩到底所謂何求？如果要上聖母峰最高點，弄架飛機飛上去不就完事了？大學划舟選手或許會被問一個類似的問題：如果他們要從普特尼前往摩特湖[14]，為甚麼不乘汽船？那可比一路划槳過去快速又舒服多了。百米賽跑選手或許也會被問道：何不叫部計程車？

登聖母峰意指爬上去——用自己的腿爬上去。整個要點就在這兒。只有這樣，人才能為自己的本事感到驕傲，而具有好本事又多麼令靈魂感到滿足。如果我們老是倚賴機器，生命會是多麼可憐的東西。我們太容易老是相信科學和機器，而不鍛鍊自己的肉體和靈魂。我們就這樣失去生命中的許多喜悅——那種能淬鍊我們的靈肉以臻完滿境地的喜悅。

所以，回到起點吧！決定攀登聖母峰是出於一種常見的衝動，就像想去爬鄰近一座山丘那樣。攀爬聖母峰所需要的努力巨大得多，但仍是基於同樣的那股衝動。的確，與聖母峰相搏是精神想戰勝物質的一場纏鬥。人，這個神聖的存在，就是想讓自己優於物質，甚至最強大的物質。

人與山同樣源於地球，兩者間也就存有一些共通處。但無論山多麼龐大，外觀上多麼令人自覺渺小，山的存在（being）層面終究在人之下。人，外型較微小，實質上則較偉大；不讓他落足在那較低存在物的最高點上，他心中那股驅動力是不會善罷甘休的。他不會因為山的高大而畏縮。山容或高，但他會顯示他的精神更高；直到將它征服於腳底，他才會心滿意足。

這便是埋藏於聖母峰登山者心中的秘密。

而在證明一己之力時，人將發現那鍛鍊過程所帶給他的喜悅。

【注釋】

1 聖母峰：標高八八四八公尺，為世界第一高峰，在尼泊爾和中國的邊境上。清乾隆二十五年（一七六〇年）印製的《乾隆內府輿圖》已印有「珠穆朗阿林」的地名，雖然在那個年代尚不知道當地的那座山就是後來的世界最高峰，但英國人於一八五六年確認並計算它世界第一高的身分後，便以當時的印度測量局長的名字：埃佛勒斯（Sir George Everest, 1790-1866）來命名這座山。全世界因此沿用此名直到今日。一九五二年，中國內務部和出版署聯合公告，把埃佛勒斯正式改回古老的西藏名字：珠穆朗瑪，自此之後，外國人也入境隨俗地把Everest稱Qomolangma（音珠穆朗瑪），台灣一直使用聖母峰來稱呼珠穆朗瑪，因珠穆朗瑪是西藏文，它的字義就是聖母的意思。聖母峰坐落於西藏和尼泊爾交接處，北面是西藏境內，山容好似一座碩大無比的金字塔，早年的登山探險都由西藏出發。直到一九五〇年後才改由南側的尼泊爾攀登。人類自一九二〇年代開始試圖攀登聖母峰，但一直無功而返。直到一九五三年才由英國隊從南坳首登成功，一九六〇年由中國隊從北坳登頂成功。——編注

2 一八五六年，調查員沃夫（Andrew Waugh）成功測量出聖母峰高度為八八四〇公尺（二九〇〇二呎）；後來直到一九五五年，聖母峰高度才修正為現在公認的八八四八公尺。此書完成於一九二六

年，當時測量出的喜馬拉雅山主要高峰的高度，多與後來重新測量出的高度不同，為維持原書風格，此譯本將維持作者原示的高度，並保留英制長度標示，惟遇重要尺寸時將以方括號〔〕列出現在通行高度的公制度量。——編注

3 阿爾卑斯山的最高峰乃白朗峰（Mount Blanc），標高四八〇七公尺。一七六〇年，瑞士地質學家德．梭旭爾（Horace Bénédict De Saussurem, 1740-99）第一次造訪白朗峰所在地霞慕尼（Chamonix）時，對自己許下登上頂峰的志向，否則也要負責推廣登峰事宜。於是他提供了一份獎金給登峰第一人，但一直要到一七八六年，這份獎金才由一位在霞慕尼執業的法國醫生帕卡（Michel-Gabriel Paccard）和他的挑伕巴爾馬特（Jacques Balmat）奪得。不過，這份榮耀很快就光芒盡退——就在第二年，德．梭旭爾本人也登上了白朗峰。——編注

4 高加索山的最高峰為厄爾布魯士山（Mount Elbrus），位於俄國西南部烏拉山脈西緣，標高五六四二公尺；英國登山家道格拉斯．佛瑞斯菲（Douglas Freshfield, 1845-1934）於一八六八年率先登上此高峰。佛瑞斯菲曾任英國皇家地理學會主任秘書（1881-94）和主席（1914-17），也曾是英國作家協會（Society of Authors）的主席（1908-09），他從一八八四年起致力於推廣將地理學列為英國大學中的獨立學科。——編注

5 安地斯山最高峰為阿空加瓜山（Mount Aconcagua），標高六九五九公尺，一八九八年英國登山家馬丁．康威（Martin Conway, 1856-1937）率先踏上此峰最高點。康威同時也是名探險家和藝術史家，探險範圍除歐洲以外，也涵蓋南美洲和亞洲，他同時也是位多產作家。——編注

6 魯文佐里（Ruwenzori）：中非烏干達和剛果兩國邊界上的山脈，被二世紀時的埃及現代之父托勒密（Ptolemy）稱為「月之山」，長久以來被認為是尼羅河的源頭點。它與多數非洲雪峰不同，並非由火山形成，而是一個巨大的地壘；最高峰為史坦利山（Mount Stanley）的瑪格麗塔峰（Margherita Peak），標高五一一九公尺，乃非洲第三高峰。一九〇六年時，義大利籍阿布魯齊大公（The Duke of the Abruzzi）率領的探險隊首先登上此高峰，他將這高峰依義大利瑪格麗塔皇后（Queen Margherita）之名來命名。——編注

7 聖依利亞斯（Saint Elias Mountain）：標高五四八九公尺，阿布魯齊大公在一八九七年首登成功。——編注

8 喜馬拉雅山脈寬達三十至四十五哩，包括了許多世界最高峰，最高峰聖母峰位於尼泊爾北部邊界，但印度境內也有多座高峰，如位於尼泊爾和錫金邊界的干城章嘉峰（Kangchenjunga，八五八六公尺），另有納達德維峰（Nanda Devi，七八一七公尺）、卡美特峰（Kamet，七七五六公尺），以及在北方邦的特里蘇峰（Trisul，七一二〇公尺）等。——編注

9 干城章嘉峰（Kangchenjunga）：亦拼做Kanchenjunga或Kinchinjunga，標高八五八六公尺，在K2（八六一一公尺）發現之前，一直被認為是僅次於聖母峰的世界第二高峰。佛瑞斯菲是在一八九九年挑戰這座高峰，但登頂失敗。——編注

10 即喬戈里峰（Jogri），K2為別名，標高八六一一公尺，世界十四座八千公尺高山最難攀登者，位處巴基斯坦與新疆邊境。——編注

11柯松公爵（Lord Curzon）：一八五九—一九二五年，英國政治家，曾擔任印度總督（1898-1905）及外事大臣（1919-24），任期內在英國政策制定上扮演重要角色。——編注

12印度政府：印度於一九四七年獨立，此所謂印度政府，是指英印聯合政府，即英國統治下之印度殖民地政府。——譯注

13路易．布雷霍（Louis Blériot）：一八七二—一九三六年，法國航空先驅，一九〇九年駕駛一架二十四馬力的單翼飛機首次完成飛越英吉利海峽的紀錄飛行，晚年成為飛機製造商。——編注

14普特尼（Putney）、摩特湖（Mort Lake）：均為倫敦泰晤士河畔城市，摩特湖在普特尼西邊上游一點點，流經摩特湖和普特尼之間的泰晤士河剛好形成一個冂字形，兩地間搭公車大概二十分鐘。從一八四五年開始，這個河段是劍橋牛津校際划船對抗賽的比賽地點。——編注

第二章 準備

攀登聖母峰的念頭就這樣進入人心，並漸漸擴張與滲入。人再也不能單單從遠處打量那山頭就感到滿足。他們必得爬上去，與它拚搏。行動的時間到了；而這觀念如何付諸執行便是這書要說的故事。它很必然地分為三個部分。首先，山必須被仔細探勘，因為沒有人——沒有歐洲人——曾走入它方圓四十哩內；這是勘察的部分。其次，既然馬洛里發現了一條實際可行的攀登路徑，便應真正嘗試循著它登上峰頂——那次登峰企圖沒有成功，但至少顯示人可以爬到二萬七千呎高。最後，說到第二次登峰的嘗試——它的結局是那麼悲劇性，但在那次登峰行動中，人類沒有借助任何外加裝備，就爬上了二萬八千一百呎。

這高處探險故事就這麼分為三部，現在就從第一部說起。

任何一個偉大的念頭付諸實行前，通常得先排除許多障礙。在這裡，第一個障礙是人——尼泊爾人從南邊封住了聖母峰，西藏人則從北方。有可能從滿心不情願對外開放的西藏人那兒取得通行許可嗎？這是首先得應付的事情。那是個外交問題。在遠征隊宣告成立前，得率先演練這項藝術。

一個由英國皇家地理學會及英國登山協會成員組成的代表團正式拜訪了印度國會秘

書，將兩個團體的這場登山計畫的重要性引介給他，爭取他的認同。如果他對此抱有認同感，也不反對讓聖母峰登山隊進入西藏，而又能取得印度政府及西藏政府的許可，則這兩個團體將提議敦請霍華德．別利上校（Colonel Howard Bury）前往印度與印度政府商討相關事宜。這就是當時霍華德．別利上校聽到的報告。

由於奇妙的巧合，接見代表團（由英國皇家地理學會的主席領隊）的是國會副秘書辛哈大人（Lord Sinha）。他是孟加拉人，從他的家鄉可以望見聖母峰。或許他本人對登山的計畫並不特別感興趣，但作為國會秘書的代言人，他說，印度政府不會反對這件事。

第一道障礙除去了，而這難題原先根本難以跨越，因為前一任國會秘書過去始終反對英國人到西藏旅行。他認為旅行者會引發諸多麻煩，不應加以鼓勵。

為了消除下一道障礙，霍華德．別利上校被派往印度。他甫退役，曾是第六十步槍隊的軍官，在大戰中服役。戰前他服役於印度，曾在喜馬拉雅山做過多場狩獵遠征。他因對聖母峰登山計畫深感興趣而自願供英國皇家地理學會差遣。他證明了自己是個傑出的大使。他鼓舞起總督切奧姆斯佛德大人（Lord Chelmsford）以及三軍最高統帥勞林森大人（Lord Rawlinson）對這個構想的熱忱，並獲得他們的允諾：只要駐當地的官員貝爾先生（Sir Charles Bell）評估西藏政府不會反對，他們將對此活動提供援助。然後，霍華德・別利上校又前往錫金會見貝爾先生，讓他也對這構想感興趣。很幸運，貝爾先生（現為查爾斯爵士）對西藏人深具影響力。結果，到了一九二〇年底，消息傳到倫敦：西藏政府准許登山隊在次年朝聖母峰進發。

外交使命已達成目標，人的障礙順利克服，當可著手組織一支隊伍了。攀登聖母峰是英國皇家地理學會及英國登山協會同感興趣的事情。它讓英國皇家地理學會感興趣，是因為該學會不承認地表上有任何一點是人類不應該試著落腳其上的；它讓英國登山協會感興趣，是因為登山本來就是他們的專屬領域。因此，兩個團體決定合組這支登山隊。這個決定雙方皆感滿意：地理學會有較大的便利性組織探險遠征隊，而英國登山協會有較佳的手段精挑人選。因此，他們各派三位成員成立了一個聯合委員會，名喚「聖母峰委員會」（Mount Everest Committee）。委員會決定：在第一階段，即山岳探勘期間，由英國皇家地理學會主席擔任主任委員，而在第二階段，即登山期間，由英國登山協會主席擔任主委。

所以，聖母峰委員會便由下列人士組成：

英國皇家地理學會代表：
法蘭西斯・楊赫斯本爵士（主任委員）
愛德華・索墨—寇克先生（Mr. Edward Somers-Cocks）
賈克斯上校（Colonel Jacks）

英國登山協會代表：
諾曼・柯立教授（Professor Norman Collie，英國登山協會主席）
法勒上校（Captain J. P. Farrar，英國登山協會前任主席）
米德（C. F. Meade）先生
榮譽秘書：由伊東（Eaton）先生及興克斯（Hinks）先生擔任

正如一切事，最初的需要是錢，而聖母峰探險是件昂貴的活動。這兩個社團組織都沒有自己可以支配的金錢，必須藉由私人募款來籌措資金。在資金的挹注上，英國登山協會最是慷慨——或者說，作風強勢的法勒上校使他們如此。如果有哪個決策者想將錢省下，法勒就會逼他把錢吐出來。在地理學會這邊則尚有一種意見纏繞不去：攀登聖母峰是很轟動，但並不「科學」。如果事關那個地區地圖的繪製，這項計畫應被鼓勵；但若單單是爬山，那就讓登山家去做好了，像英國皇家地理學會這樣的科學團體不應投注太大的注意力。

有一些地理學會的成員——甚至包括一位前任主席，對學會的功能強烈抱持這種狹隘觀點。當時這種過時的想法依然殘存著：地理學家就是地圖繪製者，而且只有地理學家可以繪製地圖。但現在從一開始，登上聖母峰的峰頂就被設定為此一探險行動的最高目標，其他目的皆屬次要。登上那座山，不只是煽情主義，它也是在測試人的能耐。如果他能順利通過攀登世界最高峰的這項測試，其他任何山頭便不再高不可攀，地理學家的領域也將擴張至地表上全新而未被探索過的地域。

至於地圖，那自然會隨之而來。大家應知，我們是在著手從事一項偉大的探險，地圖繪製者、地質學者、博物學者、植物學家及其他人等都將蜂擁而至。那是地理學會可期待的事；於是，學會便這麼期待著。

在籌募金錢的同時，聖母峰委員會也得關照人員的召集和配備及貨品的購置。第一梯次人員的組成由最初所設的目標決定，即：探勘山勢。因為，直至目前為止，大家對那座山所知甚少。它的位置與高度曾被一百多哩外的印度平原觀測站勘定過。但從平原上只能看見它的山尖。從它附近的大吉嶺能看到多一些，但那也在八十哩外。羅林准將與萊德（Ryder）曾從西藏那一邊向它走近到六十哩的距離內，諾爾或許走得更近。但那都未能讓我們對那座山多些瞭解。它上面的部分就攀登而言似乎合理實際，但介於一萬六千呎和二萬六千呎之間的山勢卻沒有人說得準。

佛瑞斯菲和諾曼．柯立（Norman Collie）都曾爬過喜馬拉雅山，而且都對山岳地形具有好眼力，因此他們強烈主張一整個季節都應致力於徹底的山形探勘；不僅要找出一條通往山頂的通道，而且必須確定它是最好的一條，因為只有經由最容易走的一條路，才能到達山頂——這是可以確定的。如果一隊人馬歷經艱險所走的路未能到達峰頂，事後才發現本來可以走另一條更好的路，那就損失慘重了。

探勘既為第一梯次探險團的目標，就必須遴選出一個對山形具有良好判斷力的人擔任領隊。他必須在登山方面有廣泛經驗，也要能夠在擇定路線的關鍵時刻提出權威意見。哈洛德・雷本（Harold Raeburn）先生具備這種經驗，而且前一年碰巧在錫金從事登山探險。他有點老，但委員會所期望於他的並非登上很了不得的高度，而他的經驗或許可以彌補年齡的缺憾。

為了探勘行動中可能需要的更高海拔的攀登，以及接下來的一年或許將展開的實際登山行動，英國登山協會的成員立刻提到一個名字，那就是馬洛里。他在他們心中是不作第二人想的登山好手。馬洛里當時在查特豪斯[1]攻讀碩士學位。表面上看來，他沒有什麼值得注意之處。他是那種每天可以見到成千上百個的尋常年輕人。和他同年齡的布魯士（Bruce）是個大力士，充滿了體能上的爆發力，馬洛里卻非如此。他也不像我們在法國人和義大利人中常見的筋肉強勁、生龍活虎型的人。他確實很英俊，具有一種敏感、有教養的氣質。偶爾他會有點突然、帶絲不耐煩地迸出幾句話，透露出那平靜眼神下有更多活動在進行。但不曾在山上見過他的人，不會注意到他有任何特別之處。如果讓一個人在街上挑選登山者，他會挑一些比馬洛里更強壯、看起來更有活力的人。

馬洛里本人對於這次登山探險似乎也不曾表現得很熱中。當委員會決定了人選，法勒上校便邀請他與主任委員正式午餐。情況還需要詳加解說，主任委員要做的是對他做出明確邀約。從他接受邀約的態度中，看不出什麼明顯的情緒。他對於自己登山家的地位深具自信，但既不曾過度謙虛，也不曾咄咄逼人地強調自己的能力。他知道自己的力量，以及憑努力贏得的地位。所以，他所具有的登山家的驕傲與自持並非一種冒失，而是十分可以理解、可以辯證的特質。

只有一件事能讓人看出在他內心燃燒的火焰。有人問起，登山隊是否將含括另外某位登山家。這位登山家具有所有登山者渴望擁有的能力，但委員會中幾位認識他的人都認為他的性格特徵會在團隊中引起摩擦與憤怒，從而摧毀聖母峰探險行動中絕對必要的團隊精神。大家都知道，人在高海拔地帶很容易惱怒。而在聖母峰的高處，人或許會發現自己完全無法吞忍怒氣；隊友意氣不相投，很可能壞了大局。那是切切重要的大事；為了確實瞭解馬洛里的意向，主任委員問他，是否願意在二萬七千呎高處與那個人同睡一只睡袋。馬洛里以他那種專注於一件事時就會出現的快速、突然的說話方式表明，他「不在乎跟誰睡，只要能一起爬上山頂」。

他以那種方式說了那句話，他對此事的熱心就無庸置疑了。如果他不屬於傳統觀念中勇武寬顎的決斷型，如果他不是狂烈的熱心人士，他顯然骨子裡就有足夠的烈焰——比那最狂野暴烈者燒得還猛的烈焰。

他當時三十三歲，瘦削、柔弱，而非雄健粗壯。他之前是名校溫徹斯特[2]的學生，在學期間就被出名的愛山人士厄文（Irving）老師灌注了對於登山的熱愛。他打一開始就響應了厄文老師的號召，如今已是個熱心與技巧兼具的登山家。

喬治．芬奇（George Finch）是下一個被挑中的人。他是公認能力最強也最有決斷力的登山家。他對此行的熱心從一開始就表現出來。當委員會決定挑選他，便請他來與主任委員會面，由後者發出正式邀約。有幾秒鐘之久，他似乎因為情緒激昂而說不出話來，之後，他說：「法蘭西斯爵士，您把我送上天堂了！」他是個高個子，具有標準運動員身材，還有一種堅決的神態。但顯然他的健康並非處於良好狀態。等他去見了醫師——一如所有遠征隊成員必須做的——便被否決掉了。對他而言，這結果就像醫生開出的苦藥丸般難以下嚥。然而，接下來那一年他終究參與了第二梯次遠征行動。

替代人選必須快速選就；馬洛里建議採用他的老校友兼登山伙伴布洛克（Bullock）先生。他那時（現在也是）服務於領事館，但正遠在家鄉度假。委員會向當時擔任外事大臣的柯松大人照會一番後，立刻為他取得必要的延續假期，於是布洛克加入了遠征隊。沒有經驗的人會料想聖母峰的登山者必然都長得像他那樣，他比馬洛里或芬奇粗壯，學生時代就是著名長跑健將，耐力頗強。他還有另一項優點：生性平和、容易滿足，能在任何條件下入眠。

還有一位極其出色的人物可以網羅：博物學家兼醫務官——沃勒斯頓（A. F. R. Wollaston）。他先前探索過新幾內亞、魯文佐里山及其他地區，已建立起科學探險家的名聲。他也是名優秀的登山家、一位敏銳的自然科學家、一位興高采烈的伙伴，也是一個能夠懷抱同情心與土著打交道的人。

其他將在印度參加此次探險遠征的人，包括凱拉斯（A. M. Kellas）博士，以及測量官陸軍少校摩斯海德（H. T. Morshead, DSO）和陸軍上尉惠勒（E. O. Wheeler, MC）等人。

凱拉斯先前已在錫金和喜馬拉雅山其他地區進行過多次探險。他是化學教授，多年來致力於研究氧氣在攀登高海拔山區的應用。他是那種不屈不撓、永遠不會跟自己的特殊研究分離的人。在前一個夏天，他已經登高至二萬三千呎，照理說在接下來這寒冷的天候下應該休息一下，但他將所有時間花在錫金山區，以極差、極不充足的飲食維生。

摩斯海德以他與陸軍少校貝里（F. M. Bailey）一同做過的探險聞名。他們所走的路線是切過喜馬拉雅山的「藏布」（Tsang-po），也就是雅魯藏布江，它流經印度注入印度洋，在印度叫作布拉馬普特拉河（Brahmaputra）。各方需求殷切的聖母峰及其周邊地形的地圖，他和惠勒都有傑出的繪製能力。但摩斯海德並不曾受過登山技術的訓練，也沒有實際攀登時非常需要的與冰雪相搏的經驗。

以上就是聖母峰登山探險團隊的成員。領隊則推陸軍上校霍華德．別利。以英國登山協會的標準看來，他只是名「健行者」，而非「登山家」；但他在阿爾卑斯及喜馬拉雅山區都有豐富的狩獵經驗，而且他有作為領導人更應具備的一項條件：他知道如何跟亞洲佬打交道，大家也深信他能帶領登山探險團通過西藏，不造成任何摩擦。

這支隊伍進行籌組時，不計其數的申請函紛紛湧來，要求加入。幾乎世界各地都有人來函，說他們隨時能接受徵召。這些申請書中有許多稀奇古怪的產品，以最令人開胃的方式極盡天下候選人自我表彰之能事。主任委員將一封最為離奇有趣的申請書公開在諸位委員面前，當作臻於極致的案例，結果引起哄堂大笑，直至主任委員的女兒提醒他注意看看日期——它的寄達日期是四月一日（愚人節）！除了這一封之外，其他來信無疑都是真的——那些信可真表露了人類最最激昂的探險熱情，同時，他們也讓訓練和經驗的價值鮮明顯現。他們每一個都必得被否決，只要馬洛里和芬奇這樣的好手能夠羅致。那些未經訓練、缺乏經驗者，不管如何熱心，在已然確立名聲的登山家面前，連當個鬼影子的機會都沒有。

資金的籌措和人才的挑選，尚須輔以補給品、配備和工具的採購。法勒與米德負責補給品和配備；賈克斯和興克斯則負責工具。

如果法勒尚未年過六十，登上聖母峰峰頂的人準會是他。不可思議的精力和衝勁，多年廣泛登山的經驗，加上幹一番偉大事業必不可少的組合：膽大加上心細，他的的確可以把聖母峰降服於腳下。基於未能與探險團同行，他便集中精力籌措基金，並有效購置裝備。在這件事上，米德是他的助手——他前一年就在喜馬拉雅山區裡登至二萬三千呎高度，對所需裝備自是相當瞭解。

賈克斯是陸軍部地理司司長，而興克斯是英國皇家地理學會秘書，當然格外適於挑選照相機、經緯儀、羅盤等必要物件，並照顧所有地理研究方面的需要。

委員會在任何方面總能得到最佳的指教。為了登上地表最高處，無論是人員或物資，我們都必須張羅到最佳者，才能配得上這個目標。因此，各個領域的傑出人士都對此活動產生莫大興趣。在這些人當中，有狄．菲立比（De Filippi）博士，他是位能幹、經驗豐富的義大利探險家兼科學家，更曾是阿布魯齊大公的登山伙伴。對於這次活動最感興趣的，莫過於國王和王后陛下，以及威爾斯王子。

於是，這支探險團出發了——帶著喜馬拉雅山攀登史上最頂尖的好手、有史以來最好的裝備，以及登上地表最高點的美好希望。

【注釋】

1 查特豪斯（Charterhouse）：一所著名學校暨慈善機構，收容貧窮但有才能的學子，位於英國瑟里郡（Surrey）戈德爾明（Godalming）。——編注

2 溫徹斯特（Winchester）：英國最古老的大型公立大學之一，位於漢普夏（Hampshire）溫徹斯特鎮。

第三章　出發

真正往聖母峰前進的馬洛里，和接到邀請時有點被動消極的馬洛里，是不同的兩個人。大車拚的大喜悅顯然升上來了。朋友們都在祝他好運，也都想跟他同行。偉大行動的生命力和興奮感開始騷動起來。然後，就有人在耳語著一種可能性——單單是一種可能性：**或許**，他在那年夏天就會征服聖母峰。誰知道呢？或許它攀登起來比原先料想得容易也說不定。所有看得見的部分**看起來**很容易。如果那看得見部分以下的山面也同樣容易攀登，那麼，當然囉，他在該季節裡就能到達山頂了。委員會所給的指示並不排除這種嘗試。探勘是本年探險活動的首要目標，此行的登山者並不用為了登上山頂而嘗試走險絕無比的路，而是要去找出一條更好的路。但如果他們找到了一條十分可行的通往山巔的路徑，當然並不會被阻止去走走看。

這就是當探險團團員、領隊，以及安排成立探險團的人，就每一方面做好準備，將一切危險、困難及物質障礙減到最低後，用以鼓舞自己的諸多模糊目標中的一個。人的願望向來都超出他們實際的工作範圍，但他們也喜歡成就多於承諾。因此，他們將這希望當作秘密謹守於心中，並未公諸於世任人嘲弄。

從倫敦到聖母峰是一段遙遠的路程——以烏鴉的飛行路線而言是四千哩。但聖母峰登山者並非烏鴉，甚至也非飛行員。他們必須行經法國，下地中海，再下紅海，航經印度洋，然後從孟買橫越印度到加爾各答，最後到達大吉嶺——探險團集合的地點。

雷本已經先於馬洛里到達大吉嶺召集挑伕；霍華德．別利、布洛克及沃勒斯頓則分別經由不同路線到了那裡。

探險團必須招募挑伕作為輔助人力。挑伕的聘用是探險活動中一項很特別的事情。布魯士將軍早先寫好了推薦名單。從這裡開始，喜馬拉雅探險團得持續倚賴這些高山住民來搬運存糧和裝備。通常這種人丁是從村子裡偶遇的人中隨便拉來的，有時很合用，有時則不。較短的路程還堪用，但像攀登聖母峰這種大規模探險活動卻不怎麼可行。再者，登山者在此行中有可能必須倚賴西藏的高山村民，而想誘使西藏的高山村民參加攀登聖母峰這樣極其艱險的活動，即使只要少數幾名，也不太可能。

於是，布魯士將軍有了個想法：事先將挑伕的聘用安排妥當——從大吉嶺附近地區找到適當而且願意的人，再從中挑選大約最好的四十名編成一個特殊任務小組。他們將被灌注「團隊愛」（esprit de corps）的觀念；他們將對冒險精神、名譽心及一舉成名天下知的憧憬產生高度興趣。此外，他們將被饗以很好的酬勞、很好的食物、很好的裝備

——以及很好的管理，這樣他們那種天生孩子氣的放縱傾向才不至於危及探險的成功。

在喜馬拉雅山這地區，有許多強健耐勞又活潑開朗的漢子；他們不會主動冒險犯難，但如果有人帶領，他們很樂意從事一番冒險。住在尼泊爾東部的雪巴族[1]中就有很多這樣的人，還有來自大吉嶺附近的不丹人，以及在錫金定居的西藏人。從這些族人中就可能培養出一支最有效率的團隊，而且這些人打從很年輕時就習慣於負重——挑擔子到很高海拔，有些還高達一萬八千呎或一萬九千呎。

五月初（一九二一年），在大吉嶺這兒，挑伕、登山者、糧食及各種各樣配備已漸漸齊聚，當地土產糧食，如茶葉、糖、麵粉及馬鈴薯，都買好了。當時擔任孟加拉總督的羅納雪大人（Lord Ronaldshay）宴請了登山者，並給予探險團各種協助。

大吉嶺的自然之美真是舉世無雙。旅行者從世界各地來觀賞那著名的干城章嘉峰的景致——它高達二八一五〇呎（八五八六公尺），而且只在四十哩外。大吉嶺本身位居海拔七千呎，四周滿布橡樹、玉蘭花、杜鵑、月桂及香楓林。透過這些樹木，可以看見陡峭山壁直落僅僅高於海平面一千呎的鑾吉兒河（Rangeet River），然後又是一層一層高起的林木蓊鬱的山脈，它們沐浴於紫色靄霧中，一層紫過一層，直達積雪線。再往上，就是干城章嘉的山巔。它是那麼純潔靈妙，令人很難相信它是我們立足其上的塵世的一部分；它的高度令它看起來像是天空本身。

然而，這些聖母峰的攀登者蒙受比這更高的東西鼓舞著。干城章嘉不過是第三高峰，他們還不把它看在眼裡。「只有最高的才算」，這是他們銘記在心的一句話。

到了五月中旬，霍華德·別利已經召集了全隊人馬，也備齊了裝備和口糧。凱拉斯博士也從他在錫金的冬之旅繞了過來，但情況很糟。早春時節，他曾在卡卜魯峰（Kabru）氣溫極低的山坡上睡了幾晚。而他又不是那種會照顧自己的人，在錫金的山區中，居然僅靠當地生產的東西維生，那處鄉野可沒出產十分健康營養的食物。所以，他到達大吉嶺時健康情況很差，而探險團出發在即，根本沒有時間等他恢復體力。代表印度政府進行測量調查的兩名官員，摩斯海德與惠勒，也抵達了。他們倆都是強壯而能吃苦耐勞的人，已經習慣於攀登喜馬拉雅山區中較低的山峰，惠勒還曾在加拿大爬過山，對加拿大照相測量系統頗有研究，這次探險中將借用他這項專門技術。印度地理測量局的赫倫（A. M. Heron）博士也加入了這次探險。這些人與來自英國的成員組成了探險團。

但探險團不能從大吉嶺直接前往聖母峰，而必須繞行一段很長的路程。直接走的話，應該是朝西經過尼泊爾，但探險團必須往東行經西藏，因為尼泊爾是塊禁地。因此，霍華德．別利和他手下人馬往錫金的提剎山谷（Tista Valley）進發，走出那山谷後，他們將爬上哲拉普拉（Jelap La，La為「山口」之意），順著往西藏首府拉薩的主要貿易道路走一段長路——那可不是行板車用的大馬路，而是給驢子走的崎嶇山徑。他們最初將行經美妙的森林，然後就得跋涉二百哩，走過西藏的乾燥高原。但這麼走將獲得代價，也就是最後將到達聖母峰的半山腰，因為西藏高原大約有一萬五千呎高。而且，在那種高處走上幾星期，將有利於把自己調適成能往更高處進發。

他們在五月十八日從大吉嶺出發。出發的前一晚，雨開始傾盆落下——大吉嶺一年當中總要下好多時日的雨：干城章嘉峰那麼壯麗的景色必得以什麼為代價才行。探險團出發後不久，雨停了，但山的周邊仍環繞著灰色霧氣，爬滿青苔的樹枝整天淌著水珠。這的確令人感到不舒服，然而這滴滴答答的森林還是有它的美。新生枝芽是那般鮮嫩，綠得好燦爛！羊齒蕨和蘭花、垂掛的苔蘚，以及纏繞的蔓籐，賦予人不斷變化的視覺快感。

沿途行經的還有成排成列的低矮茶樹；它們或許有用，但不像周邊林木那麼美。現在，路徑開始從山脊下降，空氣越來越熱，人和畜牲都汗流浹背；草木隨著氣候而變換，高達二十至三十呎的樹蕨、野香蕉及棕櫚樹開始出現；最最光彩耀目的，是碩大華麗的眾多彩蝶。

抵達提剎河時，事實上探險團已經處在熱帶氣候中了，因為這條河僅高出海平面七百呎，緯度僅二十六度。熱度很高，而在這潮濕、幾近無風的狹窄山谷中，森林裡全生長著熱帶植物。這座山谷的絢麗之處在於：它向上延伸至干城章嘉峰上方的冰河，因此，從熱帶到極區的動、植物，這裡盡皆囊括。

在高於提剎河約三千呎的噶倫堡（Kalimpong），探險團受到著名的葛雷翰博士的款待，並參觀了一座美麗花園，園中盡是玫瑰、紅木槿，以及爬上陽台廊柱的大花淡紫茄屬植物。

在佩當（Pedong），霍華德．別利注意到一些樹形碩大的紅木槿、曼陀羅和九重葛。他看見一道美妙的曼陀羅花圍籬，植株高十五至二十呎，盛開著數百朵白色喇叭花，花朵直徑約八吋，長約一呎。在晚間，這些碩大白花綻放著光芒，好似帶有燐光，而且還散發一種奇特的香氣。這裡也有石斛、貝母蘭及各式蘭屬植物，或淡紫，或白，或黃，有些花朵長達十八吋。

這裡的花和蝴蝶是一奇，但天氣令人畏懼。雨傾盆直落，任何防水物都宣告無效，所有人一律淋得濕透。連續不斷的雨帶出了成千上萬隻水蛭；牠們棲伏於樹葉及枝幹上，等著黏附到人或動物身上。

在龍里（Rongli），也就是他們五月二十二日的紮營處，四處所見岩石上都長滿五彩苧及秋海棠。許多樹的枝幹上裝飾著巨大石柑閃閃發光的大葉子。其他種爬藤，如蔓草及胡椒屬植物，在樹和樹之間牽引攀援。樹枝上常覆有厚厚的蘭花草，而樹本身往往高達一百五十呎，有些樹幹直溜溜，離地百呎不見分枝。

但從龍里開始，他們陡直爬出熱帶叢林，進入杜鵑花盛開的氣候區。在往上攀爬的路途上，他們首先碰見的是兩種杜鵑（R. argenteum 及 R. falconeri），長在由橡樹、玉蘭花樹構成的巨大森林裡，這些樹上又覆滿了羊齒蕨和開著淡紫或白色花朵的蘭株。再往上走，出現大片朱砂杜鵑（R. cinnabarinum），它們的花朵具有從紅至橘的各種色調。繼續往上，則由色彩繽紛的杜鵑花叢接棒——粉紅、深紅、黃、淡紫、白、奶白，五彩繽紛。

這些較小型花朵的花叢之間，有一種大型的粉紅色虎耳草，以及一種綻放深紫紅花朵的櫻草屬植物，鋪蓋每一吋開放空間。其他的小櫻草開著細小的粉紅色花朵，另一種則像是粉紅色的大型櫻草花[2]。

對於愛花者如霍華德·別利、馬洛里及沃勒斯頓等人而言，這片繁花似錦的景象是恆久的歡愉。在他們面對聖母峰嚴峻、荒蕪的岩石和冰雪實景之前，這片豐美秀麗的花草樹木是他們雙眼的最後饗宴。

【注釋】

1 雪巴族（Sherpa）：居住在印度錫金和尼泊爾境內的山區民族。一千多年前從西藏東部移居到尼泊爾，藏語「Sherpa」意為「來自東方的民族」。雪巴人信奉藏傳佛教，講的是與藏語百分之八十相通的雪巴語，風俗習慣與藏人大同小異。他們擅長從事山區貿易和運輸，有超強腳力和耐力，獲「爬山虎」封號。人口約八萬。——編注

2 櫻草花（primrose）又稱報春花，通常為黃色。——譯注

第四章 春碧

現在探險團將進入的春碧（Chumbi）河谷，並無錫金所擁有的繁盛花木。它也沒有積雪山脈從森林中突起的壯麗景觀。春碧是個小規模谷地，但通行起來比較舒服。降雨量已減少三分之二，空氣較令人振作了，陽光也較為穩定。這兒很像喀什米爾的谷地，只是喀什米爾沒有杜鵑花。規模大小約略等同於阿爾卑斯諸峰的山群從山谷底部升起，而谷中河川的水流雖湍急起泡，卻不像提剎河那樣囊括一切猛爆激流的特徵。將沿途所見主要花種及樹種加以描述，是讓人瞭解一處山谷狀貌的好方法。

探險團從錫金的杜鵑花區，冒著傾盆大雨爬上一四三九〇呎高的傑勒卜隘道（Jelep Pass）；他們從那兒俯瞰到西藏領土——但那不是地理意義上的西藏，因為他們尚未越過那主要的分水嶺。眼前所見是位於印度這一邊的春碧河谷。

穿過隘道，他們來到了不同的氣候區。他們從煙雨飄渺中走入清朗藍空——那是西藏的典型特徵之一。他們進入了春碧河谷，而它那時正值最佳妙的時節。當他們沿著曲曲折折的路徑迅速下行時，再度置身於杜鵑花叢和櫻草花間了。在接近海拔一萬二千呎處，沃勒斯頓注意到那開闊平面上，一種深紫黃色櫻草（*P. gammiena*）、一種細緻小黃花（*Lloydia tibetica*），以及許許多多種類的虎尾草，地毯似鋪滿了地面。至於那陡峭坡面上，則燃燒著萬紫千紅的大品種杜鵑（*R. thomsoni*、*R. falconeri*、*R. aucklandi*）及較小的一種黃花杜鵑（*R. campylocarpum*）。下坡路繼續著，經過了松樹、橡樹及胡桃樹構成的森林，更下方則有白色鐵線蓮、粉紅及白色繡線菊、黃色小蘗及白玫瑰，還有一種深紫色鳶尾花大量盛開著。

亞東（Yatung）有個英國貿易辦事處，就在探險團到達那天，一隊二十五人的印度護衛隊也來到該村。它坐落於海拔九千四百呎高處。蘋果和梨生長良好，小麥、馬鈴薯大量產出。在五月天裡，空氣中飄著野玫瑰的香味；它們一大叢一大叢生長著，每一叢都覆滿了數以百計的奶白色花兒。

五月二十七日，探險團開始攀高，由春碧主要河谷往帕里（Phari）及西藏高原本體爬去，路徑緊緊沿著清澈湍急的河流。野玫瑰更多了，其中有大朵紅花品種。到處盛開著粉紅和白色繡線菊、鋪地蜈蚣、白頭翁、小蘗、鐵線蓮及某種迷人的矮牡丹。當他們靠近陵馬塘平原（Lingmatang Plain）時，則出現了大片粉紅及淡紫色杜鵑、盛開的櫻花、莢迷、小蘗及玫瑰。這座平原本身海拔大約一萬一千呎，是一片宜人的草原；在這個季節，覆生其上的是小小的粉紅色櫻草花（*P. minutissima*）。

平原再上去，山徑穿過一片由樺木、落葉松、杜松、針樅及銀樅構成的樹林，地面上則鋪著各式杜鵑及花楸。沿著路徑生長的是藍色罌粟花、貝母、地生蘭，以及氣味甜美的櫻草花。在這座森林裡，朱砂杜鵑生長成最佳狀況——它們的樹叢高達八至十呎，顏色從黃到紅，深淺不一。

沿著河岸最常見的鳥類是河鳥、鶺鴒及白頂溪鴝。在樹林裡，常可聞血雉的啼聲，有時也能看到牠們的蹤影。這裡也住著體型碩大的西藏鹿，大小可敵麋鹿，但不容易見到。

在一萬二千呎處，高剎（Gautsa）上方，植物和鄉野景色開始改變。杜鵑仍是最美的開花灌木，但規模漸漸縮減。霍華德．別利說到一種淺藍色鳶尾花，沃勒斯頓則特別提及一種黃色櫻草花，厚厚鋪滿地面，比蔓生在英國土地上的西洋櫻草還厚，香味瀰漫於空氣中。到處都可以看到大朵藍色罌粟花（*Meconopsis sp.*），有些花朵橫幅達三吋寬，白頭翁的一支花梗上著生五至六朵花。

很快地，樹木越來越少，松樹完全不見了，代之而來的是樺樹、柳樹及杜松。僅一呎高的矮杜鵑，有些花朵純白，有些著生粉紅色花，繼續生長到一萬三千五百呎高。然後，山面被紫色石南花似小剛毛杜鵑（*Rhododendron setosum*）鋪成一片紫毯。

再過八哩，鄉野特質完全改觀，高而深、富於林木的山谷已被甩在後頭。現在探險團來到了空曠的帕里平原。這是真正的西藏國土，雖然事實上分水嶺還離此數哩之遙。站在西藏入口看守國門的步哨，是崇偉的綽莫拉日峰（Chomolhari），高二三九三〇呎〔七三四六公尺〕。它並非最高的山峰，卻最美、最出眾，它和其餘的山離得較遠，而山頭是那般險峻尖削，外型又是那麼稜角分明。

第五章 西藏

現在，探險團的假期過去了，業務即將展開。探險團的成員到達西藏時都不是處在良好狀態，如今卻得應付擺在眼前的艱苦工作。自從離開英國以來，他們一直經歷對比強烈的氣候，熱和冷，乾熱及蒸熱，乾寒和濕冷，還有飲食的改變，也許再加上劣質和不潔的烹飪——這些，幾乎將他們一一擊倒了。凱拉斯的情況最是糟糕；一抵達帕里，他便倒床不起。

然而，現在他們到了西藏，至少天氣是健康的。將人浸得濕透的霧氣、傾盆大雨及銷損精力的熱氣，全被拋在後頭了。翻起巨浪的季節風雲到不了西藏。天空很晴朗，空氣很乾燥，有時甚至太晴朗、太乾燥了些。

帕里是個骯髒醜陋的地方，這是一八一一年曼寧[1]旅行到此以來，每一位旅行者所做的評論，而未曾有人對此加以辯駁。它是平原上的一座被小鎮環繞的防禦工事。但當地官員「總辦」很有禮貌，也很幫忙。西藏人本質上很禮貌殷勤。雖然他們有時很頑固，一旦冒犯到他們的宗教，甚至會憎恨得牙癢癢的，但他們天生的氣質客氣有禮。而探險團到此之前，「總辦」已經收到來自拉薩的命令：備妥必要的交通工具——由英方付錢——並且友善相待。

這會兒，交通工具有著落了，只是還需要些時間張羅停當，探險團於是在帕里待了幾天。

從這骯髒的地方，他們行經一萬五千二百呎高的唐拉（Tang La）跋涉到了堆納（Tuna）。這條隘道是條二至三哩寬平緩地帶，上升的坡度幾乎無法察覺，因為這緣故，它具有非凡的重要性。它構成由印度到西藏的主要通路；一九〇四年的赴西藏使節團便是經由這條通路到達拉薩[2]。那時甚至時值深冬——一月九日——他們竟仍通過了，只是夜晚氣溫降到華氏零下十八度（攝氏零下二十七度七）以下，白天則颳著強勁寒風。隘道另一頭幾乎沒什麼下降，而赴西藏使節團在一、二及三月間所停駐的堆納，位居海拔一萬五千呎高處。

現在探險團抵達西藏的高地領土了。從這裡往東數百哩是中國，北面則是中屬土耳其斯坦[3]。這片領土由廣袤、空曠的平原組成，高度在一萬四千至一萬五千呎間，四周由光禿禿的弧形山脈封住，它們高出平原數千呎，接近峰頂處呈切鋸狀，一旦山峰高度到達二萬呎以上，山頭便戴上冰雪構成的白帽。這便是西藏大致的地理特徵。在某些方面，它荒涼、光禿而不討喜。吹枯拉朽似的風，使人的身體與靈魂都打起寒顫。但西藏至少有一項好處：早晨通常很靜謐。在那個時刻，天空是透明、純淨的藍；太陽暖融融的。遠處積雪的峰頂被塗上了細緻的粉紅和淡黃色調。甚至人的心也暖了起來。

西藏之所以是一塊如上所述的高原，原因在於缺乏雨水。在印度那一邊的喜馬拉雅山，雨落如洪，但西藏這邊卻幾乎雨露不霑。是故，西藏這一邊的高原不曾像印度那邊般被切出高深縱谷。雨的欠缺意味植物貧乏，而植物貧乏代表動物稀少。因地表無草木覆蓋，光禿不毛的岩石和土壤在太陽下被炙熱，入夜後又迅速冷卻，西藏就這樣成了個颳大風的國度。

藍天、不間斷的陽光普照、厲風、變化極端的氣溫、嚴寒、光禿的景致，這些就是西藏的特點；而身處這高緯度帶給歐洲人一種感覺，他始終覺得只有半個自己存在。

在這些條件下，毋怪乎那兒的草木幾乎不能令人感覺到它們的存在。你極目望去，整片平原看似沙漠。你不能想像生命如何在那兒存活，可你又見到羊群和犛牛群。當你再觀察仔細些，確乎看見了某種低矮草木叢——這兒一片葉子，那兒又一片——在夏天裡甚至有花：一種小小的喇叭狀紫色角蒿，而矮種藍鳶尾花則相當普遍。在冬天，動物拖著腳步在地面尋尋覓覓，依賴植物殘存根部活命。羊瘦得像皮包骨，一條羊腿在冬天僅夠佐食一餐。然而，牠們總算也存活下來，捱過嚴寒、厲風和饑饉，直到短暫夏季草兒迅速滋長的時刻到來。

除了家畜之外，這裡的野生動物比一般人猜想得還多。最常見的動物中有種鼠兔，或稱「皮卡」（pika），是一種很討喜的小動物，大小約如天竺鼠，行動快速，生氣蓬勃，從一個洞鑽進另一個洞，迅如飛鏢。牠們聚居在高原上石頭較少的地區或小片草地，牠們會挖洞藏身——夏天在其中儲存種子，冬天則在裡面冬眠。西藏兔生存於山腳下堆積的岩石碎屑裡；山上則住著野山羊、藍山羊（burrhel）及西藏盤羊（*Ovis hodgsoni*）。在這片空曠高原上，常見優雅的小瞪羚，偶爾也會見到小群的野驢，或稱「奇安格」（kiang）。那兒也有狼和狐狸，但不多見。不知是為了保護自己免受其他鳥獸撲獵，還是基於其他原因，這兒的動物一般都呈土黃色或咖啡色，和高原的土壤同一個色調。

這種保護色在鳥群中更為顯著。雲雀、穗鵖及山鷓鳥是這裡最普遍的鳥類。西藏雲雀幾乎和我們英國種一模一樣，牠們的歌喉幾乎在每塊農耕地上方都可聽聞。第三梯次探險團的博物學家興斯頓（Hingston）曾見到五種山鷓鳥。牠們都被羽毛的顏色——既不鮮豔又不明顯的棕色或黃褐色——保護得很好。羽毛和空曠大地同樣呈淺黃色的沙雞，棲息在廣闊的石質高原上，以可觀的數量群居一處。在山的斜坡上可見到鷓鴣，而峽谷中則可見到阿爾卑斯紅啄木鳥、岩鴿和岩燕。在村莊裡和附近地區有麻雀和知更鳥。沃勒斯頓也在電線杆上看見一隻布穀鳥。

這些鳥類和動物的「敵人」，主要是地面上的狼和狐狸，以及空中的老鷹、禿鷹和茶隼。鳥類和動物的保護色，正是為了應付這些敵人。探險團成員曾見到巨大的鬍鷲在空中盤旋，偵察可以下手的對象。

但這些「敵人」當中，人是不能算進去的。西藏人雖不能說從不殺生，因為肉類在西藏是吃得的，但原則上他們反對殺生，而且不獵殺野生動物。事實上，在某些僧院周邊，野生動物因被餵食而變得很溫馴，以至於有野生綿羊走近了探險團的營帳。這種對野生動物的尊重，來自西藏人所信仰的佛教。但這一點上，其他信仰佛教的民族倒不像西藏人這麼特別。西藏人之所以有這種較為嚴苛的戒律，或許來自他們在不利的生存條件中與動物一起奮鬥求生而培養出來的伙伴感。當大家一起對抗酷寒和令人不安的強風，動手取一條動物的性命，必會遭受良心的譴責。

幾乎不下雨，高原光禿而乾燥——西藏的氣候一直被如此描述。然而，西藏也因為它的湖而受矚目；它的湖，美麗非凡。這些湖的主要特點是藍——或許是反映了西藏燦爛的藍天。在霍華德．別利的探險團離開拉薩之路揮軍西進聖母峰的地點上，有座湖名喚多慶（Ban Tso）；它是西藏最可愛的湖泊之一；它有一種特別的美，湖面上反映著積雪山脈，其中最超卓醒目的是名山綽莫拉日峰的山尖。

在夏天，這些湖泊和沼池是無數野禽的出沒地。頭部有條狀紋彩的鵝和赤足鷸在此築巢。瀆鳧（又稱赤麻鴨；行經倫敦聖詹姆士公園[4]裡的湖邊時，常可見到這種鴨）和白眉鴨被見到在這些池子裡游泳。從頭上掠過的，有沙燕、褐頭鷗，以及常見的燕鷗。

現在探險團要行軍通過的就是這樣的鄉野；首先他們會到崗巴宗（Khamba Dzong），然後到協格爾（Sheka）和定日（Tingri），他們偶爾會行經村落，因為即使在海拔一萬五千呎處也有大麥甚至小麥種植[5]，只因那短暫的夏季太陽很暖和。但他們大部分是行經乾燥的高地平原，這些平原彼此被山脈隔開。從喜馬拉雅山縱切下來的山脈，一直躺在他們左手邊的視野內。

穿越這些高聳山脈時，在一萬七千呎高處，探險團發生了第一件不幸事件。凱拉斯和雷本在帕里時都已經病了。凱拉斯甚至病得無法騎馬，必須用一頂轎子抬著走。但他仍然開朗快活，沒有人認為他的情況有什麼嚴重。但他們才抵達崗巴宗，就有一人急急忙忙跑來向霍華德．別利及沃勒斯頓報告說，凱拉斯在被抬著越過隘道時突然心臟衰竭過世。對探險團而言，這無疑是個可怕的衝擊。

這位蘇格蘭登山家擁有出於其民族性的不屈不撓精神；他一生追求衷心所愛，直至將可憐的身子驅迫至死。他無法自抑，山巔是不可抗拒的誘惑。而今，在這還談不上開始探險的階段，他就把自己累死了。他被埋葬於崗巴宗南坡可以望見聖母峰的地方。我們都樂於知道他的視線最後落在他曾征服的山尖上：高大的泡罕里[6]、干城章嘉峰及綽莫拉日峰。這三座山，他——也只有他——曾爬上去過；在他最後一天的行程上，它們正好矗立在他面前。所以，在這兒，在世界上最高的山群之間，安息著偉大山脈的偉大愛好者；他的熱情仍激勵著每一位喜馬拉雅山的攀登者。

雷本現在也病得很嚴重，必須被送回錫金，而沃勒斯頓必須陪伴他。因此，登山團隊現在一分為二。被單獨留下來繼續登山的是馬洛里及布洛克這兩個從未到過喜馬拉雅山的人；失去了凱拉斯，情況更為糟糕，多年來他一直從事一種特別的研究，探討高海拔地區氧氣的使用。在那個時期，許多人相信只有使用氧氣才有可能爬上聖母峰。

但現在聖母峰終於進入視線了，登山者繼續向它挺進。從崗巴宗放眼望去約一百哩，在一片廣闊高原後就躺著聖母峰——它是一系列巨峰的最後一座；這些巨峰包括干城章嘉峰，標高二八一五〇呎（八五八六公尺），以及馬卡魯峰[7]，二七七九〇呎（八四六三公尺）。那雄偉壯麗的行列直沖天際，構成了世界最高的山群——它們是喜馬拉雅最秀美的山頭；只有經由山脈另一端，也就是聚集在標高二八二七八呎（八六一一公尺）的K2周圍的另一群燦如明星的山頭，才能接近它。

從登山的觀點來看，馬洛里距離聖母峰還遙遠得很，幾乎談不上有什麼進度。但它那自山頂平緩下降的東北脊現在完全看得見了——這就是從大吉嶺附近所拍得的聖母峰側影。最上方的一千五百或二千呎似乎很容易爬上去，但問題是在那以下聖母峰是什麼樣子？有沒有辦法到達那段山脊？這問題尚無法回答，因為有道山脈從中介入遮去了聖母峰的下半部。

但等探險團越過那段山脈到達阿倫河（Arun River）盆地，當有機會找到滿意的視野。聖母峰上的冰河便是洩入阿倫河，這河以最大膽手法將喜馬拉雅山切出一系列壯觀的山峽。馬洛里和布洛克在六月十一日清晨開始走，到達阿倫河流域，爬上一處岩質山巔，滿心希望能從那兒獲得想要的視野。

老天！聖母峰那個方向全被蒸騰的雲氣遮掩住。然而，偶爾出現的雲隙隱約揭露山的形狀，他們耐住性子等著。最後，聖母峰的山景浮光掠影地拉下面紗——起先是一個片段，然後又是另一個片段，之後是山頂，最後是壯麗的全貌，還有冰河，以及一道道山脊。那天傍晚，在距離紮營處很遠的高處，他們看見了聖母峰，平靜而清朗，躺在漸漸收斂的夕照中。

聖母峰甚至還遠在五十七哩外，底部仍被介入的山脈遮著，但馬洛里看得出它的東北脊並非陡峭得無法攀爬；他也看見一道山谷從它東面切下，顯然直通阿倫河。這或許也提供了一條能夠登上去的通道。那就是他後來發現的山谷，而且被證實是整個喜馬拉雅山區最美的山谷之一。

但這還不是他們從東邊這一面探勘聖母峰的時候。他們應該繼續西行，向聖母峰北面略微偏西的定日前進，並從那兒逼近目標。定日，就是羅林准將和萊德在一九〇四年到訪的小鎮；它有利於整個探勘活動進行的條件。因此，他們繼續向它跋涉。

在路途中，他們經過協格爾；這地方從來沒有任何歐洲人到過。它非常具有西藏特色，因此，即使聖母峰已如此接近，還是很值得暫時歇腳。霍華德．別利描述它是個很有意思的地方，所有三個梯次的探險團員都不能自已地為它拍了許多照片；這些照片一致支持他的描述。它很巧妙地坐落在一個尖而突出的岩丘上；那岩丘就像是放大了的聖邁可山（島）[8]。那小鎮事實上位於岩丘的山腳，但有座很大的修道院不折不扣地「棲止」在半山腰的峭壁上；這座修道院是由無數建築物構成，住著四百多名僧侶。這些建築物由圍牆和塔樓連結起來，其上突起一座堡壘；這座堡壘同樣由具有角樓的圍牆連結起來，還有個令人好奇的哥德式建築立在山尖上；那兒每晚都供著香火。

六月十七日，探險團在那兒歇腳時，霍華德．別利和他的一些同伴們參訪了這座巨大的協格爾佛塔。它是由一大群建築物層層疊疊像梯形般建在很陡的岩坡上。他們沿著岩丘上的一條路穿行過好幾個拱洞，然後一夥人上上下下走過一些美如圖畫但又陡又窄的街道，直達一處很大的庭院，庭院一側便是寺廟主體，廟中有好幾尊佛祖鍍金雕像，周身裝飾著土耳其玉及其他寶石。這些雕像後面是一尊巨大的佛祖雕像，有五十呎高，祂的面容每年都重新鍍金。圍在這座巨像周邊的是八尊令人好奇的人形，高約十呎，都穿著離奇有趣的荷葉邊衣飾。據說祂們是這個神龕的守護神。

這隊人馬在幾乎伸手不見五指的黑暗中，走過一道陡峭又滑溜的台階，來到了巨大佛祖像對面的一個平台上。在此，他們看見了一些有美麗浮雕圖案的銀製茶壺，以及其他雕飾得很富麗、很有意思的銀製物件。在這神龕裡，光線很暗，油燈中燃著的油脂發散著令人窒息的濃臭味。

霍華德．別利和他的伙伴們受到寺院住持的接待及導覽。離開前，他們會見了活佛——他已在這座寺院中住了六十六年。他被認定是由前任活佛轉世而來，因此被尊奉為極端神聖的人物，受到特別的崇拜。他只剩一顆牙齒；儘管如此，他的微笑仍令人感到十分愉悅。他的房間裡，沿著牆壁全是鍍銀並鑲有土耳其玉及他種寶石的「丘坦」[9]，並且到處燃著香。

霍華德．別利有幸能為這位最有意思的人物拍下照片。幾位僧侶勸動了他，讓他願意盛裝而出，穿著美麗的金袍坐在高高的台座上，跟前擺著一張精雕細琢的中國式桌子，桌上放置他的鈴杵，背後則掛著無價的絲質中國掛幔。後來霍華德．別利將這張照片沖洗出來送給很多人。沒有什麼禮物比這更受歡迎了；將這位活佛奉為聖人的人，會將那照片供奉在神龕中，在他面前供香。

這次以及旅行者其他類似的經驗都顯示出：宗教是西藏的一個非常真實、非常強而有力的因子。寺院中的長老喇嘛們往往都是真正可敬的人物，探險團後來遇見的絨布（Rongbuk）喇嘛更是一個特出的例子。他們都已將畢生奉獻給宗教——同時，由宗教啟發靈感的藝術也很值得我們注意。在理智方面，他們並未高度發展：他們並無印度教徒宗教哲學上的味覺；但精神方面的覺知非常細緻；他們很慈悲、很懇切，而且深受尊崇。這些被尊崇的對象也滿足了西藏人一種很大的需求；或許這竟是西藏人一般而言都很知足的原因。人需要有崇拜的對象，而在西藏人中，就存在著這種讓他們能傾注崇敬之心的活生生人物。

【注釋】

1 曼寧：指Thomas Manning，英國人，他因為一位中國將軍提供醫療服務而贏得將軍的感激之情，於是在一八一一年混入這位將軍的隨從團中到達拉薩，在此都城待了四個月。——編注

2 十八世紀後，英國以殖民地印度為基地，試圖將勢力向中國西南地區伸展，屢次要求與西藏通商。一

八八八年，英國與西藏發生武力衝突，彼此的關係惡化，終於在一九〇四年，本書作者楊赫斯本領印度總督柯松公爵之命帶領武裝使節團入侵西藏，雙方在江孜宗山激戰。江孜失陷後，英軍攻入拉薩，達賴十三世逃亡到蒙古，班禪被迫與英國締結「拉薩條約」，打開了神秘禁錮的香格里拉，引起世人對西藏的覬覦，也使中國與西藏的關係從宗主國和藩屬的關係，變成主權政府與地方的關係，為後來中國發兵入西藏寫下序曲，間接造成今天西藏人在印度北邊的達蘭撒拉（Dharamsala）成立流亡政府的局勢。——編注

3 土耳其斯坦（Turkestan）乃某些外國人沿用的對裏海以東廣大中亞地區的稱呼。中屬土耳其斯坦即指新疆一帶。——編注

4 聖詹姆士公園（St. James's Park）：位於倫敦白金漢宮東南方，面積約三十六公頃，是倫敦中心地區最古老、裝飾最富麗的皇家公園。

5 此區域現在一般是種植青稞。——審注

6 泡罕里（Pauhunri）：標高七一二八公尺，位於中國和錫金邊境。——編注

7 馬卡魯峰（Makalu）：標高八四六三公尺，世界第五高峰，中國一九九一年才開放。——編注

8 聖邁可山（St. Michael's Mount）：花崗岩島，位於英國康沃爾（Cornwall）郡西邊，矗立在英吉利海峽山灣（Mount's Bay），離岸三百六十五公尺。潮位低時，有天然堤道連接鄰近城鎮馬拉宰恩（Marazion）。——編注

9 丘坦（chorten）：佛教傳統中，存放高僧或活佛遺骨的塔或形狀類似的容器。——譯注

第六章

接近聖母峰

他們在六月十九日抵達定日，現在，可以認真從事探勘工作了。從大吉嶺到那兒足足用掉了一個月時間，比從倫敦到大吉嶺花的時間還長，這段為避開尼泊爾所繞行的路非常漫長。然而，穿越西藏的行軍使登山者們漸漸適應了高海拔地區。從定日後方的一座山上，他們看見了一片壯麗的景色：越過平原後，矗立著遠在四十四哩外的聖母峰及它西邊的幾個大山頭，包括孿生子似的卓奧友峰[1]及格重康峰[2]，前者標高二六八六七呎（八二〇一公尺），後者高二六〇九〇呎（七九五二公尺）。

然而，還是有從中介入的山脈擋住視線，因為喜馬拉雅山脈的各高峰並非單獨拔地而起。而馬洛里的問題還挺複雜的。他現位處聖母峰東北脊的西面——東北脊正是他的目標。他正在從它的對面注意看著那從大吉嶺所看到的同一面；他還得找找西北面是否有路上去，並且是否有任何比這東北脊更佳的通路可以到達山頂。或許除了斷崖和冰瀑之外什麼都不會有，就如阿布魯齊大公在K2所發現的那樣。且不提高海拔效應，從形體特質上看起來，聖母峰可能十分難以攀登。那是馬洛里更接近它之前必須弄明白的。他立即的工作是去找出某個山谷，一個可將他帶到聖母峰的山谷。這可能很不容易，因為他面前是群山構成的迷陣，而在這雨季中，聖母峰本身常常不見蹤影。

定日果然是登山工作運作的好基地。馬洛里和布洛克在六月二十三日從那兒出發，直接向聖母峰挺進，而探險團中的其他人，包括沃勒斯頓在內，則著手從事各自的研究——測量、地質調查及採集。兩位登山者帶著選就的挑伕中最上選的十六位，外加一名印度工頭。因為聽聞有一條很長的峽谷可以通達聖母峰，他們朝它行進。越過一條山脊後，他們到達絨布山谷，之後往上爬，在六月二十六日抵達絨布冰河的鼻口。冰河從此處濺迸下來，僅僅在十六哩外的聖母峰完全看得見了。順著冰河直走上去有條路通往聖母峰。

如此逼近探看，聖母峰是什麼狀貌呢？這是很多人想知道的。現在馬洛里和布洛克可以從容不迫地親眼見證那勝景了。他們所注意到的第一點，是它那巨大而簡單的線條結構。它沒有白雪覆頂、側面結冰、緩坡起伏的標準雪山外型，它也不是狀似破損、怪石嶙峋、嚴峻峭拔的山峰。它只是個龐大的山塊——一塊巨大的石頭——外面塗覆一層薄薄的白粉；那白粉不時被吹散飛揚在它的四周，只有在那些微微突出的岩架上，以及幾個較大的緩坡上，才會有終年不散的積雪。它的外觀相當平滑；因為岩層呈水平走向，一道垂直劈下的黃色條紋便顯得非常醒目。這個景況似乎充滿了力度，充分強調出山的基座是那般寬廣。

從馬洛里所站的地方，可以看見兩道險峻而輪廓鮮明的山脊：一條是東北脊（從大吉嶺附近和崗巴宗也看得見這條山脊），另一條是西北脊；這兩道山脊間坐落著聖母峰壯偉的北壁；它陡削直落於絨布冰河。

馬洛里紮營處，也就是後來的基地營，海拔高達一萬六千五百呎，所以登山者們所在點已高於山腰了。因此，眼前這世界最高峰不像從南方看起來那麼高聳，也不像從大吉嶺看到的干城章嘉峰那麼崇峻。它矗立在基地營上方不到一萬三千呎處，因此，在這裡看起來，它的大小規模倒比較像白朗峰。惟獨白朗峰少了聖母峰的嚴峻面：在山頂與營區之間，沒有人類居住，沒有樹，沒有草地——幾乎沒有任何生物，也沒有令人愉悅的山谷微風；全部都是嚴峻的石頭、雪及冰河。甚至在這個山谷基部，仲夏之際，噬人的寒風仍猛烈颳著。

山就在他面前，爬上去的方法也有了：冰河本身就是一種手段。馬洛里一天也不肯浪費，立即著手嘗試順著冰河走上去，一心一意想找到一條路通到那縈繞他心中許久的東北脊。因為西北脊，正如他現在所看見的，靠近山頂處是那麼陡峭，考慮都不用考慮了。東北脊還有一個因素吸引他，因為他注意到：在它的終點，也就是那或許可稱作東北肩的地方，有一道從屬的山脊，形成了北壁邊脊；它可能向下通達一道峽口——也就是兩條山脈間的頸口或鞍形地帶；一個介入的山尖就在那兒遮去了聖母峰的實際狀貌。

事實證明，絨布冰河與其說是條通往山頂的衢道，不如說是一項障礙。但它是個可以攻克的障礙，也充滿奇異的美。在較高的部分，它是個「冰錐的童話世界」；冰塊融化成無數小尖塔，最大者約五十呎高。它們就像是一個顛三倒四的巨大冰柱體系；那些冰柱從一大塊冰體向上戳指，底部全坐落在一片名符其實的地板上。

登山隊向上攀行時，感覺到一種特別的倦怠感；這種倦怠感耗盡了他們的精力。那就是後來為大家所知的「冰河倦怠」（glacier lassitude），顯然是陽光灼炙在冰上，使空氣中充滿水氣所致。挑伕和登山者都感覺到了。

當馬洛里再往上行，把山勢看得更清楚後，他明白：攀登聖母峰比他原先設想得困難。現在橫阻在他面前的斷崖，就顯出猙獰恐怖的險象，大大不同於從遠方所拍照片中所顯現的長而平緩的雪坡。他最先想到的終極手段是跪地爬行——不管東西南北，遇緩坡就爬，從紮營處一直爬到一處積雪的平緩山肩。但現在他看出：這裡所需要的並非這類苦功。這裡需要攀岩手——可不是半途就頭暈目眩的那種。聖母峰是一座岩質山脈。

但他尚未找到一條路從冰河跨到山面上。為了探查東北脊那處斷崖下方的冰河源頭，他在七月一日動身，順著冰河往上走。在這裡他有一項重大發現。由於雲量很高，他只稍稍看到它，但他的確看到了那個顯著的頸口——即現在所稱的北坳；它連結聖母峰陡峭的北壁和一座位於北邊的山峰，也就是現在所稱的章子峰，即聖母峰的北峰。從北坳滾滾而下直至絨布冰河的，是一道破碎冰河，或稱冰瀑。

由西邊的路爬上北坳，**或許**是可行的，而馬洛里也沒有當它是絕對不可行而將之一筆勾消。但他評估了諸多狀況後，相信它只能當作別無其他法子時的最後手段。它的困難點在於那冰瀑的巨大高度，以及雪崩的可能性，但最主要障礙在於它完全暴露於可怖的西風中。那風會匯聚一切暴怒，直接吹襲登山者，因為這冰河就位在通往北壁的漏斗的頂端。

與其說是基於任何實際的需要，不如說是出自不可遏抑的登山精神，馬洛里和布洛克在兩天後爬上一座高峰的峰頂，那座山峰後來被命名為麒麟峰（Qiling），高度二二五二〇呎（七〇三八公尺），位於絨布冰河的西邊。但從那上面他們能夠看見北壁的上方朝後傾斜，斜度並非陡峭到不能克服，特別是從北坳往上一直到東北肩——這條路在以後的攀登行動中都被採用。

因此，現在登上峰頂的路變得越來越清楚了。從北坳經由北壁邊脊，可以爬上東北脊。從北坳到峰頂的路一清二楚了。

下一個問題是：如何到達北坳——到達它，也就是說，經由一條比較好的路徑，而不是馬洛里先前看出的由絨布冰河河口爬上去那條。但在他為這問題查到答案以前，還有件事得先弄清楚：或許還會有一條完全不同的路可以通向聖母峰峰頂！如果他能夠置身於那長長的西脊**後面**——繞到聖母峰的南邊去——或許有一條路就在那兒。沒有人見過那一面——西南面。或許那兒有條秘密路徑可以上山也說不定。那是個值得探索的可能性。

經過數天的預備工作，在七月十九日那天，他到達了一道山坳的頂端，在聖母峰西北脊的末端；從那兒，他往下看到尼泊爾那一面的聖母峰。那是個「美如幻境的景觀」，但並沒有路徑存在。那兒有道毫無希望跨越的一千五百呎高斷崖，崖下是條冰河。他本以為能夠以斜向橫斷法到達那冰河源頭，但後來發現亦無此可能。這條西冰河

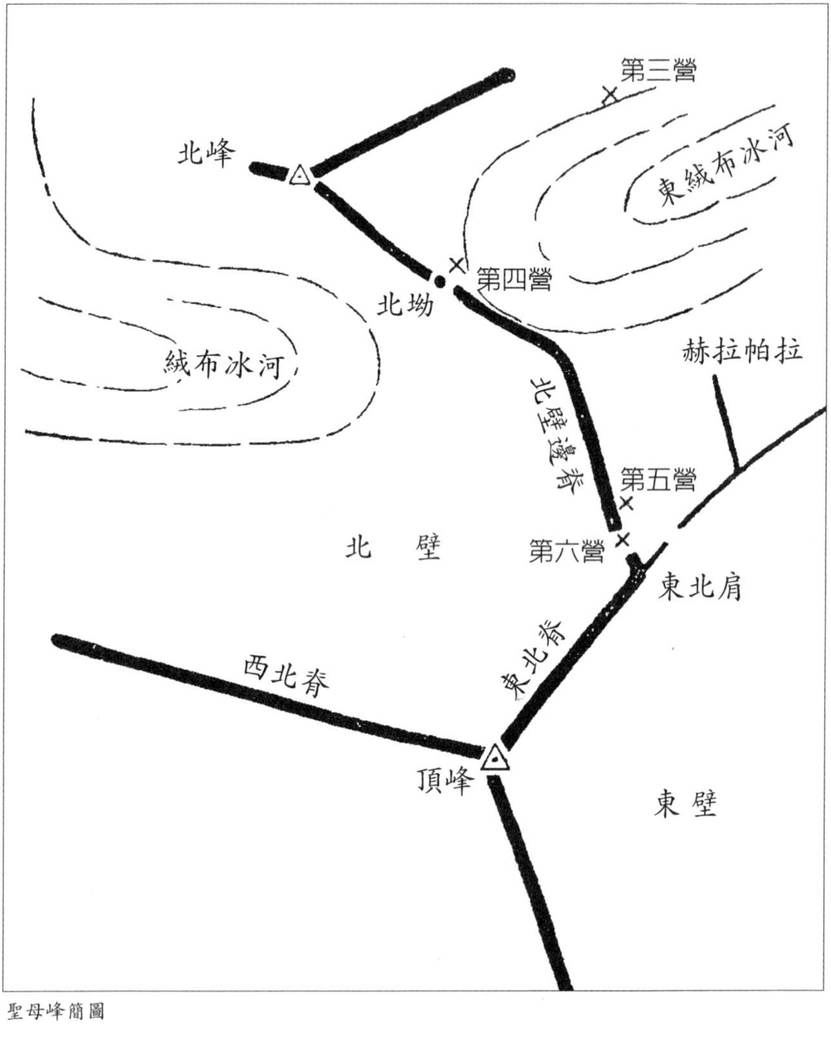
第三營
北峰
東絨布冰河
第四營
北坳
絨布冰河
赫拉帕拉
北壁邊脊
第五營
北　壁
第六營
東北肩
東北脊
西北脊
頂峰
東壁

聖母峰簡圖

的上半段陡峭又支離破碎得可怕。從南邊這一面，他看不見可以登上聖母峰的路，即使有的話，也必須從尼泊爾往上攻；從北面根本沒辦法繞過去。

不過，登山者們若能被允許從南邊上山，他們將看到多麼壯麗的景色啊！從北面所見到的聖母峰壯偉若此，從南面所見者必將更為殊勝！馬洛里可以看見南方尼泊爾境內一群可愛的山頭。有誰知悉它們嗎？它們的高度和位置是可以知道的，因為已經被測量出來，如同聖母峰的高度和位置可以從印度平原的觀測站測定。但它們蘊藏著怎樣的美、怎樣的樹林和花朵呢？而從**它們**——從它們所在處反觀馬洛里這個方向——我們可以見到何等壯麗的景色啊！如果它們是一面大鏡子，而馬洛里能夠從那鏡中反照自己這一邊，他所看見的想必會是全世界最美好的景致：前景是覆滿叢林的陡峭峽谷，再過去則是從無數斷崖、絕壁中抽拔而出的聖母峰，一邊擁著馬卡魯峰，另一邊傍著卓奧友峰，較小但仍龐大的山頭成列向西、向東聯袂而立，直至極遠處；那些山頭此刻都在燦爛的陽光中閃閃發光，但它們的白，被垂懸在南方天際的靄霧塗上了一抹藍紫色。

馬洛里在這個高海拔地區已見識了其他輝煌的景色，可以歸納出探勘的結論了。從麒麟峰頂向西望去，有兩個山頭近在咫尺：卓奧友峰和格重康峰，兩者皆巨大而厚重；

至於那高度稍低但或許更美的普摩里峰[3]，他也見到了——它標高二三一九〇呎（七一七〇公尺），山形非常迷人。他也看見了廣袤的冰河世界，充斥著從覆著白雪的高峰流下來的冰雪；這些冰河的邊際是堅硬如鐵的絕壁，樣子很是嚇人。

偵查過這些山勢後，他得到一個結論：從這看似直通聖母峰的大公路——絨布冰河——事實上並沒有合宜的方式可以通向那兒。它被斷崖包圍得很妥善，除了攀上那陡峭的冰瀑到達北坳之外，並沒有別的路徑可以接近它——但那是無法可想時的終極手段。從這絨布冰河也不可能爬到聖母峰的南面，轉從那兒嘗試攻上峰頂。即使可以從南面上去，要斜向南方時，也會被一道朝南的斷崖絕壁阻斷。

然而，這回探勘絨布冰河產生了一個重要的結論：他確信，自山的上半部開始，峰頂是很容易攻上去的。他從峰頂檢視下來，可以看出：東北脊連到峰頂那段是一截長約四分之三哩的緩坡，其次，從北坳連到東北脊的北壁邊脊雖有點陡，但還可通行。但如何上達北坳呢？這個問題還沒解決。一旦到得了北坳，再往上的路就容易了：在北壁邊脊上並沒有突出的岩塊，也沒有又陡又滑的岩壁；它是一條老老實實的圓稜，相當平整持續。

到目前為止，一切都好。現在馬洛里和布洛克必須繞到聖母峰的東面，一方面解決如何登上北坳的問題，一方面也看看是否還有其他更好的路徑。聖母峰的南面是不通的；他們也檢視過北面路徑的西半段了。現在，他們得探勘它的東半段。

【注釋】

1 卓奧友峰（Cho Oyu）：位於西藏和尼泊爾的邊界上，海拔八二〇一公尺，是世界排名第六高的巨峰。卓奧友峰是一座登頂率較高的八千公尺級巨峰，比起稍低的希夏邦峰（Xixiapangma，八〇一二公尺）或更高的珠穆朗瑪峰（Qomolangma，即聖母峰，八八四八公尺）都容易些，所以每年春秋兩季都有很多登山隊來此報到。參考高銘和《超級任務》一書的中國百岳一覽表。——編注

2 格重康峰（GyachungKang）：標高七九五二公尺，七千公尺中最高峰。——編注

3 普摩里（Pumori）峰：標高七一七〇公尺，世界著名的竹尖形巨峰。——編注

第七章 路找到了

現在，他們將從東邊趨近聖母峰。他們將繞過它外圍的支脈，從東邊到達北坳，並看看從那一邊是否有比從西邊更實際可行的路。但這麼一來必須繞行好幾哩的路。

七月二十五日，在雪、冰雹和勁風中，馬洛里與布洛克拆下他們在絨布冰河上的帳篷，向卡達（Kharta）行進——卡達離前述的繞行路徑大約五十五哩遠，但幾乎具有他們所需的東邊方位，這是霍華德．別利所建立的新基地，位於一條東向峽谷的入口，可以直接看見整個聖母峰。在馬洛里與布洛克探索絨布冰河的那個月裡，他勘察了這整個區域直至尼泊爾邊界。摩斯海德與惠勒執行測量，赫倫負責地質研究，沃勒斯頓則從事植物研究並收集自然史標本。現在，分散各地的探險團團員將以卡達為集合地點；過了一個月，雷本因為身體康復到某個程度也歸隊了，他勇敢地參與他能做的事，為探險團貢獻一份力量。

卡達坐落處海拔僅一萬二千三百呎，天氣溫和，草木豐盛，當地人可以種植五穀。因此，換到這樣的地方來，真使馬洛里和布洛克感到心曠神怡。他們先前工作的高海拔地區，景色雖然壯觀，但那種嚴峻、冷酷的環境並非人類能夠長期忍受的。

現在，我們已習慣聽聞有人登上海拔二萬呎以上的山，而登山者本身也很少發生呼吸困難或噁心嘔吐的情事，因此，我們很容易就會忘記這一切是經過好一番奮鬥才得來的。他們開始能夠適應高海拔的水土，但他們的神氣顯然沒有了。唯有像馬洛里那樣具有烈焰般精神的人，才能保有堅定不移的決心，但那是一種冰冷、僵硬的毅然決然，而不是歡欣、熱情的意向。暫時而言，高海拔的確會奪走人在登山時的昂然鬥志和純然喜悅。它變成一樁必須逼迫自己去完成的苦差事。只有在疲累和不適消失後，大自然的輝煌美景盡收眼底時，才談得上登山的樂趣。

巍巍的高山固屬勝景，但登山者努力往上爬向冰河時，他們面對面接觸的卻只是它的部分。當那白雪皚皚的山頭沒入雲中時，他們所見者根本談不上悅目：漫長而赤裸的碎岩屑坡道，或是一丘又一丘呆滯無趣的小山巒。在冰河上面時，他們經歷了奇異的冰河倦怠。在那僅能容身的小帳篷中，他們必須睡在地面；一天、兩天的不舒服或許能不在意，但之後，那寒冷、那雪、那侷促感就會開始說話，而他們體內的勃勃生氣就開始轉變為倦怠與憂慮。

如今在卡達，這一切都突然消逝了。這兒有樹，有草，有花，還有大麥田（審注：應為青稞）。蝴蝶和鳥兒在空中飛翔。天氣溫和宜人，空氣舒爽。到了這兒，登山者們的確再度感覺到生命的愉悅。

然而，馬洛里只允許自己在這種奢侈的舒適中待四天；八月二日，他再度出發走向聖母峰，嘗試探勘它的東面。他打算沿著卡達溪往上走到它所源自的冰河。但當地嚮導卻將他帶出了卡達溪的峽谷，通過一條隘道，往下走到南邊的一條平行峽谷中。最後，正如馬洛里所預測，事實證明卡達峽谷才是正確的路徑，但他被帶入這條歧路，也就是嘎瑪峽谷（Kama Valley），可真是好運，因為它可能是整個喜馬拉雅山區最美的溪谷——除非禁止進入的尼泊爾境內藏著比它更為幽奇的美景。

嘎瑪峽谷的美，在於它陡直從聖母峰切下來，上面的部分全都嵌在聖母峰中；也在於它直接走下馬卡魯峰的巨大斷崖——馬卡魯峰比聖母峰矮了二千呎不到，但比聖母峰美；再者，它的垂落角度是如此急陡，以至於當這兩座巨峰整個都還在視線之內時，它已下降至草木旺盛的海拔區了。那放牧牛隻的碧綠草地上，龍膽草、櫻草和虎耳草都盛開著花朵；從那兒望去，聖母峰僅在十五哩外，而馬卡魯峰則只有八哩遠。這些長度是指它和峰頂之間的距離；至於它和山峰外圍的山壁和斷崖則更近了。第三個山頭也在這溪谷的周邊範圍內——它是聖母峰的衛星，與主峰僅隔一道山坳。這就是新發現的南峰，現在稱作洛子峰[1]，海拔二七八九〇呎（八五一六公尺）。從它向馬卡魯峰延伸過來的，是一條陡峭的覆雪山脊；它形成了一道白閃閃的巨牆，但那白色被含有水分的淺藍色空氣暈染得很有韻致。

當登山者走下溪谷，與他們照面的，是馬卡魯峰和珠穆倫錯（Chomolonzo）峰令人暈眩的山壁；它們向下直削，幾達一萬呎，直通谷底；現在，新降的雪將山壁沾得粉白。那景色的壯麗，或許世上無與倫比。

頭一次撞入這道美麗峽谷，真是絕妙的經驗。馬洛里與布洛克的這項發現，霍華得・別利與沃勒斯頓在大約一週後繼續深入探索；登山者往上走，他們則向下行。當他們沿著嘎瑪峽谷走下去，到了它與阿倫河谷的交接處，也就是海拔一萬三千呎處，阿倫河即將切出喜馬拉雅山壯觀的峽谷之前，他們進入了一座林木茂密的森林，其中有杜松、銀樅、山梨、柳樹、樺樹及高株品種杜鵑等。此地離聖母峰的底部僅十五哩，而恰恰在馬卡魯峰的峭壁之下。這森林極為美麗。腰圍二十呎的杜松，生長到一百至一百五十呎高；玉蘭花、赤楊、楓和竹子相繼出現；在距離聖母峰的底部不到二十三哩處，嘎瑪河加入阿倫河；兩河交會處，海拔只有七千五百呎。

單是發現一道富有如此多變的山、樹和花之美的峽谷，就足可讓此探險活動的成就遠遠超越其他。在多年內，將只會有少數人探訪這處與世隔絕的地方，但是，知道喜馬拉雅山後藏有這麼一處寶地可以讓人有朝一日前去尋幽訪勝，也將是一大快事。而且，它是那種永遠不會被徹底摸透、玩膩的地方；越是深入，將越覺得它珍異幽奇，值得一再探訪。

還有另一條河谷，其山景之壯麗或許可與嘎瑪峽谷相抗衡。它就在第二高峰K2的下方，海拔一萬二千呎處。它叫沙克斯坎峽谷（Shaksgam Valley），它遠在喀啦崑崙喜馬拉雅山脈那一頭，甚至比嘎瑪峽谷還遠；它的位置偏北，幾乎已不受季風雨的影響了。空氣乾爽寒冷，而非溫和柔潤。那峽谷中沒有綠草如茵的放牧區，沒有牛群，沒有龍膽草和櫻草，總之，沒有崇高與可愛的組合。峽谷兩旁稜線曲折的高山，只是一派嚴峻，並無柔美景物的調劑。

這或許就是喜馬拉雅山區最為輝煌壯麗的兩道峽谷，除非——這倒很有可能——聖母峰與馬卡魯峰在尼泊爾那一邊的山底下有更了不起的景觀。但既然沙克斯坎峽谷的坐落環境比嘎瑪峽谷更艱險，那麼即使有比它們二者更壯麗的山峽，自然環境也勢必更為險絕。不如說那聳峻的山頭對闖入者發出挑戰——它們在他內心以最真實的虛幻下達「滾開！」的命令，但那些映著日光的山巔以其純淨與崇高吸引著他，有如燈火吸引著飛蛾。他甘冒生命的危險，只為了一睹它們盛極的容光。

***

馬洛里和布洛克走進了嘎瑪峽谷這個優勝美地，卻立刻將精力投注於眼前的任務：從東邊這面尋出一條能夠到達北坳的路，或任何其他得以導向那條綿長北方山脊的可行之路。

為了能夠完全看清聖母峰的東面，他們從嘎瑪峽谷的南側登上一座山頭。一眼望去，的確雄偉壯觀。他們還看見它上面有一條冰瀑，而且用不著看幾眼——馬洛里如是說：「就可以確信，冰瀑下的石塊，幾乎到處被那冰瀑潑濺著；如果有可能拐個彎爬上去，爬起來也會太費力，花太多時間，爬到盡頭時也將找不到一處方便紮營的平台。」

簡而言之，東邊這一面是沒有路可以登上頂峰的。

因此，只能另外找一條登上北坳的路，而馬洛里從這嘎瑪峽谷看不出這麼一條路。

但他看得出來，他先前走的卡達峽谷，再走上去會有某種可能性。因此，他離開這輝煌、絕美的峽谷，走入卡達峽谷，順著它走上頂端的山坳——赫拉帕拉（Hlakpa La），的確發現一條似乎可以通上北坳的路。但在他嘗試走過去之前，將稍作等待，直至季風雨過去，那樣才有比較大的勝算，可以不僅到達北坳，還有可能往聖母峰的峰頂走上一程。這可能會是整季工作的高潮，而為了這個目的，適當的準備是必要的。

完成了這番預備性探勘後，馬洛里和布洛克在八月二十日回到卡達休息十天，並重組團隊。在這兒，所有探險團的成員，包括雷本，現在都集合了。惠勒帶來了一項重要的資訊；這項資訊扎扎實實影響了探險團的整個布局。話說惠勒在為聖母峰山區進行攝影測量時，發現了一條冰河，如今稱作東絨布冰河；從它上面流下的溪水與絨布冰河連接，連接處距離絨布冰河的終點大約三哩。它上面的部分很可能來自北坳。現在從地圖上看起來一切都很單純，但釐清那些冰河、山脈、支脈的動線其實是極端複雜的工作。馬洛里在爬上絨布冰河時曾看到這條溪流；他打算走近前去瞧瞧。但雨季正以強勁態勢到來，時間上相當緊迫。他也尚未能想像一條從正東方過來的小溪，會發源於聖母峰正南、稍微偏東的山坡。它應該是從北方或東北方過來才對，而不應是南方啊！無論如何根據惠勒的說法，它來自聖母峰的方向，而且可能是——事後也證明是——能夠導向北坳的一條路。那是盔甲上的一道小裂縫，經由它，就能將巨人一箭射穿。

於是，就有兩種可能性要探究了。可以經由東絨布冰河從北方通到北坳，也可以經由卡達冰河從東邊上去。這兩種可能性現在必須加以檢視。

在卡達峽谷一處方便的綠台地上，他們已建起一個前進基地，海拔一萬七千三百呎；再往上，在海拔二萬呎處，他們也紮起了一處營區。如飢如渴的馬洛里所盤算的不僅是爬到北坳，他還想爬上聖母峰的坡面，直達東北肩附近。他的雄心甚至比這還高。為什麼不？他想，在海拔二萬六千五百呎處紮起一個小小的營，然後就從那兒試著探頂，豈不妙哉？這就是他熱切的盼望。他尚不明白，攀登這世界第一高峰是如何恐怖的一件事。

在八月的最後一天，他和布洛克又到了卡達冰河上方的前進基地。但他們在那兒被迫待了將近三個星期，直至九月十九日季風雨還是沒有停止的跡象。最後，當天氣終於放晴，太陽似乎又沒有將雪融化的威力了。再等下去，不會有任何收穫。既然前進的腳步已然邁開，不如繼續走，雖然到達聖母峰峰頂的機會微乎其微——雪是那麼深厚，而天氣變得如此寒冷。然而，他決定繼續依照計畫行事，直至情況逼他放棄。

他的第一目標是赫拉帕拉，也就是卡達冰河頭的山坳。他先前曾經從那個地點往下看到如今惠勒向他確定是東絨布冰河上游的地區。他意欲走下這個冰河的上游盆地，再從那兒爬上北坳。但在往前推進之前，他首先必須弄到一些裝備和存糧，丟在這赫拉帕拉上面。

九月二十日清晨，馬洛里和他的同伴摩斯海德出發了，情況順利。他們體驗到踏雪的樂趣——那雪，又脆又硬。他們也有直上聖母峰的萬丈雄心。但是，穿行於冰河的罅隙是艱苦的奮鬥；在較高處的踏雪亦十分辛苦——那雪，現在呈細粉狀，是會滾動的物質。走在前面的人試著為那些可憐的挑伕踏出一條堅實的路，但未能成功。這隊人馬走得零零落落，四下分散得很厲害。但馬洛里繼續挺進，走到赫拉帕拉的盡頭，以顯示它是到得了的。有他當榜樣在先，這一小隊人馬繼續勉力向上，走完最後一段山坡，在那峰頂放置了十一擔補給品。

馬洛里又來到赫拉帕拉了；天氣很是晴朗，所以他能清楚看見北坳和聖母峰的山坡。這景象讓他思考起來。從那冰河盆地爬上北坳可不是件容易的事。它是一道難以敵對的巨無霸大山壁，或許有一千呎高；它的表面因為那些難以克服的冰斗隙[2]而顯得險惡破碎；它的一般角度無疑相當陡。事實上，它是一條巨大的懸垂冰河。馬洛里很樂觀地認為他們能夠爬上去，但那可不是未經訓練的人做得來的事。一群多多少少患著高山病的挑伕一同綁在登山繩上，僅由三名登山者指揮——這種提議，一分鐘也不用考慮。

顯然一支強勁的團隊是必要的；馬洛里心中既已對登上聖母峰的路有了底子，而且也踩出了一條通往赫拉帕拉的路徑，便先與卸下重擔的挑伕走回營區，霍華德·別利、沃勒斯頓、雷本、布洛克和惠勒，都在那兒會合。

在白日裡，這必定是個令人愉悅的營區，因為，它雖位處海拔二萬呎的高處，卻享有燦爛溫暖的太陽。這一團人便在帳篷外的空地上享用早餐、午餐和茶。從營區上方，幾百呎遠的一個較小山頭上，可以看見壯麗的景色；霍華德·別利便形容過：填滿山谷的浩瀚雲海像羊毛製海洋般，而那些最有名的山一座座從雲海中伸出頭來，宛如璀璨的珍珠島。向東一百哩是巨大的干城章嘉峰，佳奴峰[3]和丘密墨峰（Chomiomo）則緊緊相隨。就在近旁，筆直伸出傲視群倫的是最壯麗的馬卡魯峰；再過去，則是尼泊爾境內的一些巨峰。向西不出幾哩，則為聖母峰本身——上個月新降白雪，使它顯得尖削而輪廓分明，顏色也份外潔白。此時，它已不因從它輻射出去的高大山脊而在視覺上被矮化。現在，它看起來俊秀而挺拔。

所有這景色都沐浴在燦爛的陽光中。它像是一個新世界，超脫於滾滾紅塵之外。在這新世界中，一切都純淨而明亮。

到了九月二十二日，往聖母峰進發的準備皆已就緒。雷本必須被撇下，因為這可憐的人並未完全康復到能夠禁得起前頭的磨難。其他六人在那天早晨四點出發；當時，溫度計顯示的氣溫是二十二度（攝氏零下五度半）。伴隨他們同行的是二十六名苦力，分為四組，每一組都用登山繩適當地繫在一起。那是登山人力的一大提升；行伍間，對於即將接近的探險行動最後關頭，有著一份驚悚與悸動。

明月照徹人間；那覆著白雪的高大山頭幾乎與日間所見同樣清楚，只是帶有一種特別的靈妙之氣，彷彿它們是真正的仙境。冰河上的雪正在最佳狀況中——它凍得很堅硬，使這整隊人馬能有相當好的進度。

天開始破曉。正前方，就是聖母峰。在含霜的空氣中，它襯著西天的深藍寶色，每部分細節都清楚顯現出來。從它的尖峰上，太陽灑下第一道微弱的光芒；先是以粉紅激盪著雪白，然後又漸漸將它變為橘色。

在漸次增強的日光中，這隊人馬在馬洛里領先下，循著冰河往上攀爬，到了十點三十分，他們已在赫拉帕拉的山頂，海拔二二三五〇呎；聖母峰僅在兩哩外了。但接下去要陡直下降約一千二百呎（約三六五公尺）到下面一處冰河盆地上，從那兒延伸過去，有一面冰封的山壁可以爬上北坳。這一段路打住了這天的行程。所以，他們必須在這赫拉帕拉的山頂停駐。冰冷的風正在肆虐，被吹起的雪粉到處滲透。他們在山頂下方幾呎處的雪中找到個小穴，便在那兒紮起營來。這是惟一能紮營的地方，但沒什麼遮蔽物可以擋風；甚至小型的「阿爾卑斯米德」（Alpine Meade）及「伶人」（Mummery）帳篷都很難撐得起來。隨著時間的逝去，這些高海拔禁地的闖入者開始明顯感覺到呼吸困難。

那真是可怖的處境。當太陽下山，溫度降到七度（攝氏零下十三點九度），然後又掉到零下二度（攝氏零下十八點九度）。厲風在那些脆弱、不舒服的帳篷外怒號。沒有人睡得了一點覺，或許除了馬洛里。到了早晨，每個人都因為帳篷中空氣不足而頭痛。挑伕們變得很不靈活。

隨著太陽升起，以及一些溫暖的調劑，眾人的頭痛消失了，生命力又恢復到某種程度。然而，因為通往北坳的那道冰牆是那麼難以克服，他們決定僅讓阿爾卑斯登山專家：馬洛里、布洛克和惠勒三人帶著幾名挑伕繼續前進，其他人回到二萬呎的營區去。

【注釋】

1 洛子峰（Lhotse）：世界第四高峰，標高八五一六公尺。——編注

2 冰斗隙（bergschrund）：指位於冰河上游較巨大的裂隙，通常是與終年冰層的擠壓造成。——編注

3 佳奴峰（Jannu）：又名Kumbhakarna，標高七七一〇公尺，位於尼泊爾境內。一九六二年被征服。——編注

第八章

北坳

在整個上行路途中，只有北坳是惟一真正不確定的部分。它是整條鎖鍊中最弱的一環。從聖母峰峰頂以下到北坳之間，馬洛里已經確定沒有什麼嚴重的困難存在。惠勒也看出，從主絨布冰河到北坳的基部，確定沒有很大的困難。現在，馬洛里、惠勒和布洛克必須確定的是：有無可能爬上那險絕的冰瀑，那條他們從赫拉帕拉看見的冰瀑，它是到北坳的惟一通路。事實上，北坳本身就被這條冰河覆蓋成一種特別的形狀。他們也必須判斷：從東邊這條路攀上北坳，是否比馬洛里在上溯絨布冰河時所見的西邊那條路容易些。

這就是他們在九月二十三日拔營離開赫拉帕拉時擺在他們眼前的任務。他們離開了赫拉帕拉的山頂後，便向下走入東絨布冰河的上方盆地。他們走完這段一千二百呎長的急下坡，沒有遭遇很嚴重的困難。然後這隊人馬慢慢地橫越那處盆地，最後在北坳腳下空曠的雪地紮營。那裡的海拔是二萬二千呎。

他們紮營的地點三面環山，不免讓人以為那兒必然靜止無風，他們應該過了個平靜的夜晚。但實際情形卻大相逕庭。猛烈的暴風雨搖撼、襲擊著他們的帳篷，威脅著要將帳篷從繫留處扯開。厲風的煩擾加上高海拔效應，使得這些登山者根本沒法熟睡。

二十四日那天要早一些出發是不可能的，因為天氣酷寒，而且在這高海拔地帶，人很難在太陽冒出頭來以前開始行動。現在，一項困難而且可能是危險的任務橫擺在他們眼前，所以只能帶幾名最有能力的挑伕前往——共選了三名。在一個半鐘頭內，這一小隊人員登上了那道大冰瀑的最初幾段山坡。接下來開始攀爬陡坡，也就是在覆雪的冰上向上攀登約一千八百呎（約五五〇公尺）。對一名專家而言，這碼事不是太大的困難，但它的確需要判斷力。馬洛里一馬當先，正如他遭遇登山技術問題挑戰時的慣常表現。

下面的部分是很單純的行進，一路上只是埋頭向上走，只除了通過一塊突出的巨岩時，有一段短時間登山者必須鑿步前進。他們首先往右斜上，走上一堆部分凍結的雪崩堆，然後往左進行長距離的斜向橫斷，向山坳的頂部走。但就在山坳下方不遠處，有一段坡確實令他們心急起來。那就是後來以「最後兩百呎」聞名的一段坡。一九二四年，馬洛里本人會同諾頓及索默威爾，曾在同一地點歷盡艱險，救出被困在那巨岩上的四名挑伕。那段坡上的雪積在很陡的斜面上，而且深到足以令人退卻。他們努力鑿了大約五百步，最糟部分才終於過去。到了上午十一點三十分，這一小組人員站上了北坳。

登上峰頂的主要障礙現在被克服了。攀上北坳的路不僅被找到，而且被測試過了，該為探勘階段戴上勝利的皇冠了。

馬洛里從北坳望向上方的北壁邊脊，再往前觀察東北脊，不再懷疑那是可以接近的了。他從遠觀得來的印象，現在被近在眼前的山勢充分證明了。從這兒往上，有很長一段路只見平緩易爬的岩石和雪坡，既不危險也不困難——馬洛里目前認為如此，後來也發現的確如此。所以，這便是登上峰頂的實際可行之路了。那是最容易走的一段路；那也的確是所有可能性當中惟一可以實行的一條路。

探險團從英國被派遣來此所要發現的，現在發現了。但這些登山者心中總珍藏著一份希望：或許他們除了探路之外還能多做一些——他們或許可以走上去；誰知道它有多高？馬洛里個人就懷抱著這份熱切的盼望。他的狀況足可再往上爬，但這整個團隊卻不宜往前多走了。惠勒認為他可以再做些努力，但他的雙腳失去了知覺；布洛克則累壞了，純粹的意志力能讓他再撐下去，但或許撐不了多久。前兩個晚上，馬洛里比其他人睡得好，所以他想他可以再攀高二千呎。但等達成這目標，他便將被迫折返，在天黑前回到北坳腳下的帳篷過夜。

那麼，不能再有什麼進展了，況且此刻有一個決定性因素發生：甚至當這一小組人站在一道小冰崖的下風處，仍有頻繁而猛烈的陣風吹襲過來，捲起巨量雪粉，令人窒息。在這下風處之外，整個北坳上方颳著淒厲無比的風。再往上，景象更可怕了。聖母峰巨大的坡面上新降細雪被捲起來拋入空中，成為一波波破碎的浪頭，而登山者往上爬所將採行的山脊，則因地勢突出而暴露在厲風的全力肆虐下。被吹起的雪斜飛向上，一會兒後因為撞到山脊而重重摔落，在下風處摜下可怕的暴風雪。登山者們掙扎著走出去試試風力，將自己暴露在北坳頂上，去感覺那風暴的強度。但那種嘗試一會兒就夠了。他們又掙扎著回到避風的地方。這便是第一季聖母峰探險之旅的終站。

當那條通往峰頂的小小窄路被發現了，風卻橫加攔阻。相較於體力的不濟，甚至相較於高海拔效應，風，將會是接下來兩次探險行動的主要障礙。準備探險時，這一點得時時計算在內。在最糟的情況中，人甚至無法站立。

馬洛里並不**十分**願意放棄再往山上走的希望。回到北坳腳下的營區時，他構想著在北坳上面紮一個小小營地的可能性。但口糧不足了，挑伕又不願意，而且如果發生了任何不幸事故，又該如何往回爬那一千二百呎陡坡到赫拉帕拉。另外，這狂風有可能停下來嗎？不管怎樣，一切都不可行。

所以不可能再有進展了，而且任何進展都是不必要的，因為他們被派遣來此的任務已經完成了。他們已經找到一條實際可能通往山頂的路徑，也測試過那條路中最難攀爬的一段——且不提它的高海拔效應。在最有經驗也是曾和喜馬拉雅山打過交道的惟一兩位登山大將相繼折損之後，他們仍能有此成就。於是，他們折返主營區。

回印度的旅程，在這裡就不多說了。在霍華德．別利領導下，探險團的目標皆已達成。除了找到上山的路徑外，他們也為整個聖母峰區域畫了地圖；他們還為緊鄰的山區做了特別的調查。他們也進行了地質的探測、自然歷史的研究，以及標本的收集。探險團從大吉嶺出發後一年內，便出版了一本包括探險報告和地圖的專冊，可供第二次探險參考。

良好的基礎已經打實；接下來派出的兩支探險團皆充分認知他們從這第一次探勘之旅承襲到很多利益。

第九章

再度準備

現在，是真正竭盡全力嘗試攀頂的時候了。聖母峰已被看得一清二楚；登山小徑已走了出來，一條或許是惟一可行的登峰造極之路已被發現。現在，可以將一切努力集中在爬上山巔這最高目標上了。

為了這個目標而建構的新探險團隊必須組織起來。新的入境申請已向西藏政府提出，並且獲准了；霍華德．別利和他的團隊已經返國，第二次探險的準備工作正在全速進行。沒有時間可容虛擲了，因為根據馬洛里的報告，想登聖母峰必須在季風雨來臨之前進行才行。季風雨在六月初開始，顯然登山者必須在五月的最後兩週以及六月的第一週這期間登上去。這意味探險團必須在三月底前離開大吉嶺。為了使這一可能性實現，儲糧和設備得在一九二二年一月間從英國送出去。而現在已經一九二一年十一月了，準備工作勢必得加緊腳步。

但超乎一切重要性的領隊人選問題必須先解決。霍華德．別利完成了這麼多工作，而且完成得那麼好，想請他讓位實在很為難。在第一次任務中，為了借道印度所需的外交預備工作以及後來探險團的事務總管，諸如克服突發的嚴重運送問題、安排補給品、與西藏人微妙互動，以及擬定整個探勘行動的策略等等，他都表現出非凡的精明和老練。因此，他必定熱切期待收割他這些努力的最後成果，因此，現在要他放棄這份熱望，必將帶給他殘酷的挫折感。然而，想征服聖母峰，個人就必須不斷為這個共同的目標來犧牲。現在，第二度探險之旅的領隊出現了一名超級優秀人選，霍華德．別利便秉持騎士風範，接受了整個冒險事業為了獲取最大利益而做的安排。

陸軍准將布魯士從他的印度兵役退役後，接受任命服務於地方自衛隊，因而未能參加第一次探險。但現在，他獲准請假。作為登山者，他是太老了些。即便年輕幾歲，他能否爬上聖母峰峰頂也很有問題，因為經驗顯示，是那種身體輕盈、瘦削、不需攜帶多少筋肉的人才能攀登上去。但沒有人比他更適合帶領整支探險團了，他的喜馬拉雅山經驗以及他與喜馬拉雅山民相處的能力無人能比。他曾隸屬一個廓爾喀[1]聯隊，服役期間幾乎全駐守在喜馬拉雅山區；而廓爾喀人是尼泊爾在聖母峰那一邊領土上的居民。自從一八九二年康威爵士開了先鋒以來，布魯士便是許多次喜馬拉雅山探險行動的成員。他也曾在阿爾卑斯山致力於登山技術的研究，還帶了廓爾喀人同往。他對這些山民如此瞭解，對待他們是如此懇切，以致除了他以外，沒有第二人可以讓他們說出更多心中的話。他全心奉獻給他們，而他們也對他深深傾慕。因為英國的登山者將絕對有賴於這些人搬運輕型營帳到夠高的地方，最後攀頂的衝刺才有可能成功，所以布魯士在這些人當中的影響力，對探險團而言就具有非凡的價值。他這種能夠對純樸山民發揮影響力的人格特點，同樣也將使他成為一位理想的探險團領導人。

他是「孩子」與「成人」的超凡混合體。你從來就不會知道與你交談的他是孩子還是成人。即使他活到一百歲，他將仍是個孩子；而童心未泯的他，也一直是個成人。他是個歡愉喧鬧的男孩，恆常躍動著孩子氣的玩性。而他也是位機敏、能幹的成人，連最輕微的荒唐愚蠢也不稍加容忍。這是一種不同凡響而實際有用的組合。他也有不允許自己抑鬱的精神力量，而這種精神力量是會傳染的，整個團隊將受到薰陶。這就是為何他如此被看重的原因。一支有布魯士在的團隊，必將是一支興致高昂的團隊，而興致高昂的團隊將能發揮最大長處，達致最高成就。

布魯士的故事很多，有一則是這樣的：在某次探險活動中，團隊裡起了「誰比誰大」的爭論，布魯士說了句「好吧，我只是個苦力」，便將一份綑包背上身繼續前進。這與另一位偉大登山家阿布魯齊大公的故事很像。阿布魯齊大公有次在阿拉斯加從事探險時，遭遇團隊成員皆拒絕背負重物的狀況，於是他背起一份綑包走完整段路，其他人因此感到羞愧。

現在被邀來帶領探險團的，便是這麼一個人。探險團中實際從事登山行動的成員，也在他的協助下——選定了。很幸運，馬洛里又能接受徵召，但布洛克卻必須回到他的諮詢工作上，在舒服的天堂法國港市哈弗（Havre）觀察探險團的進度。芬奇現在康復了，探險團對這位經驗豐富的登山家將有所倚重，因為他的青年時期無論冬夏大部分都在瑞士登山。他想征服聖母峰的熱望與決心，與馬洛里相比亦毫不遜色。他們兩位是早先就被看好的，另外兩位從英國被邀來參加的登山者則是諾頓與索默威爾。

官拜陸軍少校（現為中校）的諾頓曾獲頒英國優異服務勳章，他在英國登山協會是個響叮噹的人物，對登山知識亦有很深的造詣。此外，他額外的長處是先前曾在印度服役，並在喜馬拉雅山區從事過多次狩獵探險。他會說興都斯坦語（Hindustani，北印度土語），並知道如何與印度人民打交道。他機敏、鎮定、警覺而率直，並有領導統御的習慣，因而能立刻博得他人信任。他的善良與和氣又增添了別人對他的信賴。他的確是許多種特質的組合體。他身為皇家騎砲兵的軍官時，便因為對他的射擊器械具有機敏調度能力而深受矚目；戰爭期間，他的服役表現傑出；他曾獲英國陸軍大學學位，並曾連續七年主辦印度的大型活動：「卡迪爾盃」（Kadir Cup）獵野豬競賽。他是敏銳的觀鳥人，也是超出一般水準的業餘畫家。每件事他都講究方法，並掌握狀況。他對自己的準時頗為自豪：他從不會到得太早，也不會遲到。在赴印度的行程上，他抵達維多利亞車站的時間僅比火車離站時間早了一分多鐘。等火車開動，他才悄悄一躍而上，還一邊閒閒地繼續著他與朋友的對話。他從來不會慌張匆忙。每一種意外狀況必然都被他盤算過了。當危急時刻到來，你可以想見他會把保存得當的精力用在刀口上。

才藝不遑多讓——或許猶有過之的是索默威爾。他是個專業外科醫師，也是位藝高人膽大的登山專家，同時還是才華非凡的畫家與音樂家。他從小居住於英格蘭西北部的湖區（Lake District），因為一直與山巒為伍而對它們一往情深。他具有非凡的果斷、堅毅、能量與活力。但超乎這一切之外的，是他那偉大、強健的溫柔之心——他那隨時準備好的、開放的、容易親近的氣質，令人一見到他就覺得輕鬆自在。他也是個可以信賴的工作能手，能夠隨時委以重責大任。他是個強健的巨人——不是指身體，而是指氣質——並具有源源不斷的快活與樂觀。他的體格並不引人注目。他確乎不若諾頓筆挺，也沒有布魯士的強大體能。他並非筋肉橫生的那一型。或許「柔軟」才是其主要特質——

正如他的心——那是一種富有彈性的柔軟：準備讓步，但也有捲土重來的不屈不撓。

除了具有諸多才藝之外，索默威爾也是位作家。遠征聖母峰二十年後，當那最壯偉的印象已然充分沉斂與結晶，他將寫出一本怎樣的書，所有的出版商都應加以注意。他身為科學人、藝術人，又具有溫暖的人道精神和強烈的宗教情操，當那肉體的受苦已從記憶引退，整個冒險行動的精神體驗有時間在他心中漸臻成熟，他應該會有些東西值得寫下來。

馬洛里、芬奇、諾頓和索默威爾，這些都是可被指望登上世界最高峰的登山家。再來就是也曾榮獲英國優異服務勳章的史楚特（E. L. Strutt）上校、維克菲爾德（Wakefield）醫生、喬佛瑞．布魯士（Geoffrey Bruce）上尉，以及在印度政府任文官的克羅福特（C. G. Crawford）先生。這些人不是年紀太大，不適合從事攀登世界最高峰的超級勞頓，就是不具備足夠的登山經驗，所以他們組成了支援團隊。

史楚特在阿爾卑斯山受過良好登山訓練，也具有登上聖母峰的體型；如果這次探險早幾年進行，他便是那登峰造極的人選。在此次探險中，當探險團離開基地營時，布魯士將留在原地，那時史楚特便是具有無上價值、能夠帶隊繼續向上的第二指揮官。

維克菲爾德正如索默威爾，是來自英格蘭西北部湖水區，年輕時曾在那個區域展現過非凡登山技藝。探險團成軍時，他正在加拿大執業行醫，但因一心想參加此次探險行動，便出讓了醫療設備，前來加入。

喬佛瑞．布魯士是布魯士將軍的堂弟，在登山方面不曾受過正規訓練。但他曾在喜馬拉雅山一帶進出，並隸屬一支廓爾喀聯隊。所以他可能有助於探險團與尼泊爾人和西藏人打交道，並能待命在危急時刻與更有經驗的登山者一同上山。

克羅福特則是一位藝高膽大的攀岩專家，因為於印度山區服役，對攀登聖母峰這個構想深感興趣。他對當地語言與百姓習性的瞭解，對探險團也將是一大幫助。

再來，是那位醫生兼博物學家、喜馬拉雅登山老將龍史塔夫博士；他仍持有登上**最高山峰**的世界紀錄。其他人曾在山的側面爬得比他高，但沒有人曾爬上比特里蘇更高的山峰；它標高二三四〇六呎，龍史塔夫於一九〇七年登上它的峰頂。他也在喀啦崑崙喜馬拉雅山脈發現了一個美妙的冰河區；而他在阿爾卑斯山及喜馬拉雅山的廣泛經驗，使他在狀況判斷方面對探險團具有非凡價值。他那親切熱心的性格則是另一項附加價值。

這一次，探險團將有一位正式的攝影師。諾爾（J. B. Noel）上校曾在一九一三年從錫金向聖母峰的方向做了一趟旅行，從那以後，他一直對攀登這座山抱持濃厚興趣。他也對攝影情有獨鍾，並成為這項藝術的專家，特別是在電影攝影術方面。他放棄軍職，加入了探險團。或許他的主要特質是：為探險團的需要隨時待命。什麼場合最需要人，諾爾就會在那兒——最需要人，意指需要的未必是攝影師的時候。他也具有強大又不屈不撓的韌性，同時也是位無怨無悔的愛山人。

有人提議讓一位傑出的畫家隨同探險團上山，畫下那美妙的山景。從基地營望上去，聖母峰在許多方面看起來並不比白朗峰顯眼壯觀，這倒是真的。基地營本身已經很高，聖母峰從這個營區抽拔起來的高度，並不高過白朗峰或羅莎峰[2]從很低的河谷抽拔出來的高度。然而，世界最高峰的魅力還是在的。同時，從嘎瑪峽谷往上看，聖母峰及馬卡魯峰所呈現的景觀，歐洲沒有一處山景比得上。西藏高原及西藏境內較低的山坡儘管乾燥、光禿又無趣，但隨著季節雨的到來，裊繞的靄霧會使山頭和高原顯得虛無飄渺，宛如幻境，索默威爾曾絕望地發現，在他的調色盤上找不到一種具有足夠明度及強度的藍色，可重現二、三十哩外的光影。在聖母峰山區，顯然有讓第一流畫家發揮的餘地。從錫金穿行到西藏一路行經的山岳與森林，具有人世間最最壯麗的景色。然而，沒有一位頂尖的畫家擁有這趟旅程所需的體格。所以探險團必須倚賴諾爾的相片與索默威爾在爬山之餘匆匆忙忙畫出的圖畫，來重現那群巍峨高山所給予人的印象。

當這一切準備工作正積極推動時，有個尖銳的問題被提起：為何不用氧氣？凱拉斯先前就已開始將氧氣實驗於登山，為什麼不繼續實驗？氧氣缺乏既然是登上聖母峰的一大障礙，那麼加以供應氧氣，明天登山者或許將一蹴直達峰頂。

到目前為止，聖母峰委員會還沒想到為探險團配備氧氣，因為他們一直懷疑氧氣攜帶的可能性。其實，這背後存在著一種質疑：使用氧氣登山，是否還有運動家氣魄？當然這項質疑很容易駁斥：吸氧氣，並不比啜飲一口白蘭地或一杯牛肉茶更有損於運動家氣魄。但仍有一項事實不容忽略，那就是：不使用氧氣就登上聖母峰峰頂的人，相較於使用氧氣才登上峰頂者，前者會被認為成就較高。我們不會詢問一個登上峰頂的人，一路上是否曾喝茶提神，但如果他曾使用氧氣，而非僅使用一般提神物，我們勢必會把他的成就打個折扣。所以，在氧氣的使用上一直存在著偏見，而委員會亦不能免俗。他們隨後放棄了這項偏見，但如果他們繼續保留著它倒還好些，因為事實證明不使用氧氣，人的身體還是能夠在不尋常的條件下自我調整。人類善於「適應水土」，也能登上二萬八千呎的高度，就像他們剛剛做到的。

然而，在一九二二年，當這第二度探險正在籌備中時，沒有人知道這麼多。當時，還沒有人爬上高過海拔二萬四千六百呎的高度。許多科學界的人猜想，若不藉助外來幫助，人類似乎不可能登上聖母峰峰頂。而且許多登山家，以及許多探險團的新成員，都傾向於贊成使用氧氣，其中尤以芬奇最受矚目。如果想確保一舉登上峰頂，就要使用氧氣，他們說。於是當索默威爾為氧氣的使用提出一項權威又具說服力的請求時，委員會便無異議通過了。

不過，這議題的通過很是匆忙，是否睿智也頗有疑問。除了一、二人之外，探險團全體從不曾對氧氣的使用太過熱中。氧氣設備笨重而龐大，索默威爾本身並不曾使用過它。而除非有信心支持，氧氣的使用似乎不會導致成功。

委員會最認真考慮的一個構想是：讓攜氧的二人組當先鋒，為沒有攜帶氧氣的二人組導引路線。因為**配備**了氧氣，想到達二萬六千、二萬七千呎或任何預先設定的高度，應該會比較容易；而被踏出的路將對後來者有幫助。這個構想經過實踐，結果每次都與原先料想相反。沒攜帶氧氣的人總是走在前面領路。

有這麼一回事：人仰賴科學太多，依賴精神太少。聖母峰代表著冒險的精神，而如果人對精神有信心，事情會進行得更好。

【注釋】

1 廓爾喀族（Gurkha）：，居住於印度、尼泊爾之好戰的印度教種族。——譯注

2 羅莎峰（Mont Rosa）：位於義大利和瑞士兩國邊境，屬阿爾卑斯山系，標高四六三三公尺。它是個巨大的冰川，上覆地塊，地塊聳立十座高峰，其中四座列名阿爾卑斯前五大高峰。——編注

第十章

第二度出發

一九二二年三月一日，布魯士到了大吉嶺。為了預作準備，他比其他人提早離開英國。現在，他真正得其所哉了：他又回到印度的「山頭」上，而且處在他的山中鄉親之間。貿易官員維特羅（Wetherall）先生已經著手進行了許多前置作業，修復了上一次探險行動所用的帳篷，購置了麵粉、米和土產等供應品，並召集了一百五十位山民，包括雪巴人、不丹人，以及居住在尼泊爾與西藏接壤處的其他族人，布魯士將根據他自己合理的想法，從中挑選人員出來組成荷重兵團。這些山民競相想加入探險團，只要有一位他們信得過的「大爺」（Sahib）[1]同行，他們都很能吃苦耐勞，並富有冒險精神。所以布魯士得到了相當有用的一夥人。然後，他慢慢對他們灌輸榮譽感，以及如果探險成功，他們所將建立的名聲。這對他們的精神甚為鼓舞，再加上主辦單位允以很高的待遇、很好的衣服和很豐美的食物，他們遂對這番事業興致勃勃，並因參與一個大型探險活動而感到歡喜。

儘管有著高昂的精神，他們還是有其弱點。布魯士對此十分明白。他們就像孩子般無憂無慮，沒責任感，每當有酒喝就深深耽溺其中。所以，布魯士不僅親自給予嚴厲警告，還請了他們的祭司來告誡一番。在他們出發前，婆羅門教與佛教的祭司都來為他們祈福——這是他們非常看重的一件事。或許他們的宗教並不十分精緻，但，正如所有居住在大自然中並與之密切接觸的人，他們對於隱藏在事物後的那種神秘、巨大力量有一種信服感。他們對於祭司和神職人員懷有很高的敬意，因為那些人以某種朦朧的原因，代表著那股神秘、巨大的力量。當這種神秘、巨大力量的代表對他們顯示好意，他們便因精神上得到滋補而感到快樂。

廚師的選任是布魯士特別注意的另一件事。他在這方面以及許多其他事情上，都像是探險團的父親；他已經看到上一次探險因差勁、不潔的烹飪而蒙受不少苦，因此他招來了許多廚師，將他們帶到山間加以測試，然後選出最優秀的四名。

在這些事情上，他現在有喬佛瑞．布魯士及摩里斯（C. J. Moriss）上校從旁協助——摩里斯上校是廓爾喀聯隊的另一位軍官，他會說尼泊爾語，並知道如何帶領這些山民。四位廓爾喀未經任命的士官和一位廓爾喀勤務官，也被聯軍總司令勞林森大人徵調過來探險團服役。

隨隊同行的還有一位曾在大吉嶺受教育的西藏年輕人，名叫卡爾馬．保羅（Karma Paul），他將擔任通譯。結果證明這是個十分成功的安排；布魯士說他「總是個好伙伴，始終興致昂揚」。他應對進退絕佳，與西藏人互動良好。這一點非常重要，因為就如同所有的東方人，西藏人本身有著絕佳的禮貌，並很容易對他人的良好禮節起反應；一位在禮節上粗枝大葉的通譯，將會危及整個探險活動。

除了三月間從英國來到大吉嶺的登山者外，克羅福特先生現在已從阿薩姆趕來參加。滿懷熱誠的摩斯海德也得以向軍中告假，以團員身分加入探險團，不再只是測量官。

第二次探險團就這麼成軍了，只差供給氧氣的器材還要過幾天才會運到。「佛教徒協會」（Buddhist Association）及「山民協會」（Hillmen's Association）在警察局副局長拉丹・拉（Laden La）先生的主持下，宴請了整個探險團；本區喇嘛教及婆羅門教的長老都來祝福探險團，並為探險團的平安與成功祈福。在三月二十六日那天，探險團帶著大家的祝福從大吉嶺出發了。

從大吉嶺穿過錫金，橫越西藏到位於絨布峽谷的基地營，這段旅程得稍微簡單描述一下。第二梯次探險團選擇的路線和第一梯次大致重疊。但由於時間上早了兩個月，他們碰上了更為糟糕的天候狀況。構成錫金花海的主要花種杜鵑，當時尚未冒出花苞。當他們在四月六日到達帕里，冬天才剛剛過去。八日他們又從帕里出發，在大雪與幾近暴風的狂風中穿過唐格拉。他們走一條較近的路前往崗巴宗，但必須通過海拔一萬七千呎高的一條隘道；從喜馬拉雅冰原直吹下來的狂風，在隘道上怒號。

四月十一日到達崗巴宗時，他們找到凱拉斯的墳墓；它狀況良好，墳上立了塊碑石，上刻有很工整的英文與西藏文。他們為他加立了幾塊大石頭，以示敬悼之意。然後，他們出發前往協格爾，四月二十四日到達，再度拜見那裡的長老喇嘛。但布魯士並不像先前來的人那樣對這位長老抱有好感。他認為他是個極端狡猾的老人，也是第一流生意人。他收集了大量西藏與中國的藝術珍品，並和任何專業買賣人一樣知道那些東西的價格。而其餘喇嘛則是布魯士在西藏所遇見的最骯髒的一群人——這意思是，他們非常髒，因為他曾到過帕里。

四月三十日，他們到達了絨布寺；對於這裡的長老喇嘛，布魯士卻有相當不同的印象。這所寺院距離聖母峰僅十六哩，可將之一覽無遺。這位長老喇嘛被認為是某位神祇的再生身。他年約六十，「具足威儀，有張最聰明、睿智的臉，並有超乎尋常的動人微笑」。隨隊同來的人都尊以最高的敬意，他則特別要求布魯士善待他們。他對動物也特別關照；在這個地區，沒有生命會被獵殺，野生動物也被餵以食物，以致那些在喜馬拉雅山靠近印度那側很難接近的野綿羊，在這裡卻馴服不過，還會走到很靠近營帳的地方。

但為什麼英國人會想來爬聖母峰，這位喇嘛百思不解。他詳細徵詢探險的目的何在，布魯士給了他一個相當可以理解的回答。他說，他們是在從事一趟朝聖之旅。事實上這趟探險沒有任何物質上的目的，如尋找黃金、煤炭或鑽石之類，而是為了一個精神上的目標：活化人類的精神。如何向這些人表達這麼個單純的事實，只能採取布魯士的說法了。他解釋說，英國有個拜山的教派，他們就是出來禮拜世界最高峰的。如果禮拜意指強度讚美，那麼，沒有比布魯士的說法更能描述此行的目標了。

在峽谷上方，有六、七處隱居修士的居所。那些居所非常小，那些虔誠的修士從不曾用過火燭或喝熱飲。他們由修道院供養，經年累月將時間用來冥想「翁姆」（Ōm）——上帝。在這海拔超過一萬六千呎的西藏冬天裡，他們必定吃足了苦頭，但西藏人具有不可思議的耐力；出乎我們意料之外，這些修士身體上的活力並未麻木，有幾位至少走出了條件嚴酷的修行所，非常慈藹、機敏地面對世俗人。

這些修士的隱居所是最後有人類居住的地方。五月一日那天，布魯士照預定行程帶隊出發；隊中包括十三名英國人、四十至五十名尼泊爾人，以及大約一百名西藏人，外加三百多頭牛。這行人畜朝絨布冰河鼻口出發，基地營將在那裡成形；從那裡，聖母峰將一覽無遺。

這座山很可能曾被這大規模入侵嚇一跳。人類與它的戰鬥現在正式展開。除了芬奇之外，這次探險團全部成員的健康都處在良好狀況中。對於烹飪的關照已經收到良好結果。這個月裡橫越西藏的行軍，雖因不停吹颳的大風及一成不變的乾燥高原和山丘景觀而令人疲累，但也給了隊員們磨練耐力和適應水土的機會。在這高海拔地區，太多的體力支出只會減低而不會增加人的適應力，因此，布魯士鼓勵他們大部分路程騎牛，不要步行。不過，他們也走得夠多，身體始終保持強健；現在他們可望在那短短三個星期的間隙中，亦即，極端寒冷的冬天過去而季節雨尚未來臨前，與那座山交手，因為那是惟一可能攻堅的機會。那座山的惟一弱點，就只在一條窄窄的空間和一段短短的時間。僅僅在那個空間與時間內，才能**將它攻下**。而當時、當刻，攻堅便意指極盡他們最大的力量，鞠躬盡瘁，死而後已。

他們必須設定的目標，將是帶兩頂小帳篷上北壁，在二萬七千呎高度靠近東北脊處找到些凹處。如果做得到**這點**，就有四名登山者能在那兒過夜，第二天早上再往前推進，如此一來，就有較大機會走完剩下的二千呎（約六一〇公尺）到達峰頂。距離峰頂**超過**二千呎，他們便不太可能在一天內走完。海拔越高，登山者往上攀行的速率越低。所以整個情況的關鍵繫於挑伕的負重能力：他們能否運送兩頂帳篷，以及必要的睡袋、糧食和輕便的烹飪用具到那二萬七千呎高的營區備用。

對他們而言，那是很大的要求。到目前為止，甚至空手的人也不曾爬上超過二萬四千六百呎高度。那多出來的二千四百呎，**負重**攀爬，很可能會是累死駱駝的最後一根稻草。但除非挑伕們能夠那麼做，登山者登上峰頂的機會微乎其微。能帶得上去的可能只有一頂帳篷，而非兩頂；能堅持到最後登上峰頂的可能只有兩人，而非四人，那是實情。但如果只帶一頂帳篷，單派兩名登山者上去又太冒險了。一人病了或遭遇意外，另一人可能無法將他帶回來。因此，最後二千呎要送出四名登山者是當時應設定的目標，因此，有必要將兩頂帳篷送到海拔二萬七千呎高度。

如果想達成這一點，就必須在二萬五千呎處搭設一個營區，中介於最高的營區及二萬三千呎的北坳營，在北坳營和基地營之間也必須有一系列或許三個營區，散布於東絨布冰河上——東絨布冰河便是上溯北坳的通路。為那些營區帶帳篷、為登山者與挑伕帶麵粉、肉及其他補給品，還要帶燃料用犛牛糞，以及營區生活所需的其他各種行頭，就必須使用多種運輸方式。布魯士的特別負重部隊將只能用於冰河以上的區段；單單這一區段便會竭盡他們的力氣。因此，布魯士特別焦急地想在當地找到一些人或牲口在冰河上工作，好使那四十位尼泊爾挑伕保持精力，施用在更為艱難的爬山工作本身。

這是理論上的理想安排。目標憑此設定，然而在這種情況中沒有一件事會完完全全按照計畫進行。但你至少必須在心裡有個數，然後盡量依計畫行事。在接近基地營的最後幾段行軍路程中，布魯士一直能夠循計行事。他曾試著勸誘一百名西藏人到達基地營後繼續走上冰河。他原以為他已經說服了九十位。但等他們到了基地營，這個數目縮減到四十五；甚至這些人也僅僅工作兩天就回家了。事實是：五月適逢西藏的春耕，田地上很缺人手。探險團所給的豐厚酬勞並未構成足夠的吸引力，以揚名立萬來勸誘，亦不曾引起他們的興趣，畢竟，為探險團攜帶帳篷和補給品上冰河**並不能**建立多大名聲。

未能保住這些當地人伕，可說是此次探險的致命重擊。如果布魯士不曾睿智地帶來他自己的負重部隊，那麼攀登聖母峰這回事就絕不可能繼續了。勢之所趨，原先的計畫只好大幅縮減。如果他未能從最近的村莊找來繼續運送的人每次工作個一、兩天，整個計畫將縮減得更多。這些從最近村莊找來的人手有男有女，女的往往身背嬰兒。於是，就有一大群本地的運送者能夠為冰河上的第一及第二營區工作，但他們不肯再往上走了。再一次，我們歎服這些西藏人的吃苦耐勞，在這海拔高達一萬六千至一萬七千呎的地方，甚至連女人和孩童也能傍著岩石露宿戶外。

同時，史楚特、龍史塔夫和摩斯海德也已被派出去勘察東絨布冰河。因為，我們必須記住，馬洛里僅看過它的頭，而惠勒只看過它的尾，沒有人曾經真正通行全程往上爬。一條爬上去的路，而且是最好的一條，必須找到；最適合紮營的地點也必須有著落。

史楚特和他的同伴所進入的，是一個奇怪、詭異的世界。東絨布冰河中段是破碎的，或寧可說融化了。大塊的冰融化成無數不可思議、如夢似幻的冰錐——它們的表面在日照下白光閃閃，內部融蝕的窟窿則顯出透明的藍或綠光。

第一營區的最佳地點找到了。喬佛瑞·布魯士用石塊建起許多克難小屋，並用帳篷的備用零件當作屋頂。這些石牆至少能擋掉一些風，雖然吹毛求疵的人可能會認為還太通風了些。這個營區在海拔一萬七千八百呎的高度，距離基地營大約三小時腳程。

第二營區則還要高出二千呎，大約離第一營區四個小時腳程。第二營區坐落於一道冰牆下，位於這驚人冰世界最為如夢似幻的區段。出了這一區再往上，冰錐漸漸合併為滾滾冰河。但它的坡度並不陡，而不至於成為冰瀑。

第三營區的地點訂在大約二萬一千呎的一處冰河形成的積石堆上，距離第二營區四小時腳程。它上有北峰為屏障，又因為坐向朝東，還有觀賞日出之利。但太陽在午後三點就不見了，而且晚上很是淒冷荒涼。

史楚特一行人在五月這麼早就到達該處，經歷了強度的寒冷，並飽受風襲。龍史塔夫因為一段時間以來身體狀況一直不甚良好，在那種季節裡已無法在更高的海拔工作。他們在折返途中為路過的每一營區設立了烹飪設施，以利益即將開始持續在這些營地間來來去去的團隊。五月九日，這三個人回到了基地營。

冰河的探勘完成了，冰河上的營區建立了，補給品也運上第三營區，登山者將能實際攀上北坳，在那兒紮營；現在，登山者便向前移動，以便發動進攻。時令上還有點早，但季節雨開始的確實日期永遠預測不準，而開始攀登的最早機會卻必須牢牢把握。因此，五月十日，馬洛里和索默威爾離開基地營，在兩個半小時內到達第一營區，在那兒，他們走入一幢「屋子」，一名廚師在那兒招呼他們，給他們茶喝，在這種比較舒服的情況下他們到達第三營區；他們真正的工作從那兒才開始。理論上，這兩名超級登山家、整個團隊的頂尖人物，應該保留到更後面才開始工作才對，比他們差一點的人手才應該被用來將上山的路準備妥當，而這兩位應在基地營或冰河營區中隨便哪個營區養尊處優，爬爬周邊的山以鍛鍊身體、適應水土，但總能夠回到舒適的營地提提神、享用好食物，並有蔽身處可過夜。前頭的苦工和粗活皆應由其他人為他們備妥，然後，當路途平順，他們或將輕易、迅速而舒適地一掠而過，保持可能達到的最佳體況，為那一切所依的最高目標做最後的拚搏。這是理論上應該做的，但是，理論再度被迫丟在一邊。

正如馬洛里前一年所發現的，攀上北坳的那段路是整個攀登聖母峰的路程中最艱困、最危險的一段。那是一道冰和雪結合成的山壁和坡道，上有裂冰的罅隙，隨時有崩坍之虞。只有飽富經驗的登山家能迎戰這種障礙，而整個探險團中僅有四、五位在這個關頭上可以被信賴。這四位便是馬洛里、索默威爾、芬奇和諾頓。因為後兩位將特別保留於用氧登山的任務，於是馬洛里與索默威爾此刻必須馬上面對這個雖能克服但困難重重又險惡無比的阻礙。

這是索默威爾首度進入喜馬拉雅高山區。他渾身是勁，到達第三營區的那個下午，他就又動身爬上營區對面的一個山坳，去尋訪他素來渴求的美。在那山坳上，他的確找到了那種絕美，因為從這個現在叫作拉披優拉（Rápiu La）的山坳上，他往下眺望的正是那絕美的嘎瑪峽谷，所仰望的則是壯麗的馬卡魯峰。他匆匆繪了份畫稿——或者說草擬畫稿的示意圖，便在五點三十分與馬洛里返回營區。

第二天，五月十三日，馬洛里與索默威爾偕同一名挑伕，帶著一頂帳篷、一些備用的繩索及木樁，從第三營區出發，開路前往北坳，並嘗試在北坳建立營區。此時必須找到一條安全或經過改善能變得安全的路，以便後繼而來的挑伕為較高營區運送補給品時能夠順利上下。尋找這麼一條路並確保其安全，需費點心思。當然，馬洛里先前曾爬上這面冰壁，但自從他去年秋天登訪以來，此處已經發生了些變化。他曾踏雪而上的路，現在閃著冰晶的藍光，告訴他這段路此時已變得光禿堅硬。這種路面是不管用的，必須另覓途徑才行。在他左邊是一系列令人絕望的、不可能爬過去的斷崖；在他右邊則是一些非常陡峭、高約三、四百呎的結冰坡面，在那之外有條斜斜的走廊，顯然覆著深厚白雪。為了走上這段結冰坡面，他們不得不鑿步而行，並架設了供挑伕來日使用的繩索。但再往上直到北坳，雖然坡面更陡，卻已沒什麼阻礙。

他們平安到達了北坳，一條供挑伕通行的路也已確保，於是他們紮起一頂迷你營帳作為征服此一路段的紀念。現在，他們有時間欣賞風景了。他們所在處海拔二萬三千呎，比白朗峰高出七千呎，視野也就異常廣闊。但聖母峰在他們一邊抽拔出六千呎，北峰則在另一邊抽拔出二千呎，所以這視野仍然飽受侷限，但確乎擁有聖母峰美麗西北面的景致，包括它冰晶雪亮的山壁和嶙峋詭奇的斷崖，以及那絕美的普摩里峰。

側身嵯峨巨峰之間的普摩里峰只是個矮子，高度僅達二萬三千呎，但形狀非常美麗。它那覆著白雪的峰頂，如同馬洛里所述，「被極為壯麗的建築支撐著。那金字塔型的山體、向南向西的山面、陡急直下的稜線，以及向東向北的冰岩斷崖，被一整系列山脈隔開；這條山脈走向為西北西，沿著一條多變、幻妙的山脊。附在這條山脊的雪簷和冰塔，使其秀麗和雅致在這一地區無與倫比」。

這樣的景觀是一路艱苦奮鬥的補償。但整體而言，聖母峰登山者的勞頓鮮少得到山勢之美的慰勞，因為他們是從視野狹窄的山谷走上來的，而這些山的較低部分往往很醜。它們都遠遠高過生命存活線，在這裡看不見樹、灌木叢或綠色草地，所見不是冰、雪、斷崖，就是堆積著岩屑的漫長、無趣的坡道。

留下一頂營帳當作攻占標記後，馬洛里和索默威爾便帶著卸去重負的挑伕，在同一天下午下山回到第三營區。他們感覺到某種程度的高海拔效應，但休息一、兩天後就迅速恢復過來，並熱血澎湃地想完成登上巔峰的偉大任務，甚至打算在北坳以上不紮營過夜。幸虧不曾真的這麼做，因為人類能否在聖母峰的峰面上熬過一個晚上還是個問題。無論如何，只有在完全無風的夜晚才有那麼一點可能。而完全無風的夜晚，通常也是極端寒冷的夜晚。所以，人在那兒縱使倖免於強風，亦將罹難於酷寒。後來的經驗顯示：在聖母峰的峰面上，即使有帳篷遮蔽，那風、那冷也幾乎是人類無法承受的。

五月十六那天，第三營區因史楚特、摩斯海德、諾頓和克羅福特的到達以及大批護衛隊送來的補給品而受到補強。在一年當中，這座山惟一可能被攻下的三個星期已經到來。馬洛里報告了十六日他在雷披優拉所見到的氣象，更挑起登山團隊想立刻行動的心意。他從雷披優拉下望嘎瑪峽谷，看見「那只可怕大鍋中蒸騰的雲並非閃著白光，而是可悲地呈現灰色」。麻煩會有一籮筐——這是他的結論。季節雨即將到來，他們必須與它賽跑；在來得及之前跑上山巔。

所以第二天，也就是五月十七日，史楚特、馬洛里、索默威爾、諾頓及摩斯海德便帶著挑伕（每一名負重二十五至三十磅）直發北坳，一天也不多耽擱。但克羅福特卻因病必須回基地營區。坡道上沒有風，團隊甚至感覺到朝陽的光和熱直射身上。馬洛里和索默威爾所感覺到的高海拔效應已不像第一次爬上這坡道時那麼厲害。他們已經適應過來了。人可以在高海拔的新環境中適應過來，這項事實或許是不將最後一搏的起點設定得太低的好理由。讓他們在二萬一千和二萬三千呎處待上幾天，再往上拚，或許是很好的。

五月十八日花在北坳上面的第五營，一方面休息，一方面建設營地。隔天，第二批物資運抵，登山者現在安頓在以當地條件而言堪稱舒適的環境中了。他們的營帳皆紮在雪上，因為找不到岩石或岩屑，但巨大冰塊的庇蔭免去了刺骨西風的吹襲。他們有充分而多樣化的糧食——茶、可可、豌豆湯、餅乾、火腿、乳酪、香腸、沙丁魚、鯡魚、培根、牛舌、果醬、巧克力、陸軍及海軍口糧，以及義大利麵。只要是固體食物，沒有一件被忽略。困難的是水。在北坳營區，以及由此而上的地區，雪和冰從不融化；它們只會蒸發。因此，那兒既沒有溪澗，也沒有涓滴之水。想在這裡或其他高地營區得到水，必須費心將雪煮化。

五月二十日，向真正目標——聖母峰——的攀登，就要展開。

【注釋】

1 Sahib 為殖民地時期印度等地的尊稱詞。——編注

第十一章

出擊

在那大冒險展開的前夜，馬洛里心中充滿希望。如果說在那薄弱的安排下他並未真正料想能攀頂成功，那麼至少他抱著一絲希望。但一切全繫於挑伕能將營區設施搬到多高。或許不是「一切」都繫於此，因為挑伕若能將一頂或數頂帳篷送到海拔二萬七千呎處，登山者也未必能爬完那最後的二千呎。但如果挑伕們不能將紮營設施搬上二萬七千呎，登山者攀頂成功的希望便極為渺茫。

五月二十日那天早晨，只有九名挑伕能應召工作，其中只有四名真正處在健康狀況下。要帶上去的有兩頂各重約十五磅的帳篷，外加兩只雙人睡袋、飲食用具，以及一天半用糧。全部東西只打包成四個各重二十磅的綑包，由九名挑伕分挑。這給了挑伕們很多完成任務的機會，而且，當然，他們都是生長於這個山區的人，在生活中又早習慣於負重。

從事登山者為馬洛里、索默威爾、諾頓及摩斯海德。史楚特必須折返第三營區，因為他仍然水土不服。

出發時間是七點三十分，這是人類有史以來首次真正踏上這座山。數百萬年前，這塊土地上必定充滿了生命，因為它曾一度在海平面下；之後它必曾是一座熱帶小島，覆滿了棕櫚樹和羊齒蕨，並群聚鳥禽和昆蟲。但這肯定發生在人類出現之前。在人類的全部歷史內，它必定一直覆著白雪。如果尼泊爾人和西藏人從來不曾有過攀登這座山的壯舉，那麼我們可以肯定，原始人類也不曾那麼做過。因此，一九二二年五月二十日當可視作人類首度踏上聖母峰的日子。但歷史並未確實記錄這四位登山者中，哪一位首先落腳在那始於北坳的上山坡面上。不過，報告中提到摩斯海德剛開始一馬當先，榮耀或許應該歸他；又因為他隸屬印度測量局，而這座山乃是由該局首先發現，並加以測定高度和位置，所以以其前任首長的名字為這座山峰命名也就順理成章了。這位首長的名號是：測量上將，喬治．埃佛勒斯爵士[1]。

在這近距離內，登山者所看見的這座山峰到底是什麼樣子呢？在一段距離外看來，它是爬得上去的，近在眼前的事實又是如何呢？從這北壁的底部往上望，它的坡面稍顯內凹，接近東北脊處越來越陡。登山者可以沿著左手邊走上環繞山面的山脊往上，因為它連結著東北壁；他們也可以向右邊走，找一條與山脊平行的路走上那微微向後縮的山面。無論採取哪一條路徑，都不會太難走。在這途中有大片雪地，可提供上行的方便性。困難不在山本身，而是寒冷與高海拔效應。那天早晨天氣一直很晴朗安定，真是幸運，因為登山者曾在其他情況中在這兒見識過恐怖的風。但再往上一千二百呎，由於空氣變得非常冷，他們都加了衣服。現在太陽消失在雲後了。他們越往上推進，冷度便越來越強。高海拔效應開始作用，他們必須奮力呼吸，每一步都得呼吸好幾口氣。

十一點三十分，他們爬到了二萬五千呎處；在這裡，他們遭遇了困難。他們本來打算往上推進到二萬六千呎。現在的問題是：要在哪裡為那兩頂小型營帳找到紮營處？那些岩石都非常陡峭，逢到坡面不連續處，那凸出的岩架也都陡斜到無法紮營。這可真是嚴重的困境。他們好歹得找個地點安頓下來，而且必須及時找到，以便挑伕們能在天氣變壞前回到北坳，因為那兩頂營帳只夠登山者使用。他們搜索山面，特別是避風這一面，仔細探勘等高線的沿邊，找尋某個足夠平坦的合宜紮營地點。雲氣阻斷了任何較遠的視界，他們只好在咫尺內尋尋覓覓。最後，大約在兩點，索默威爾和一些挑伕找到一處地點可供紮下一頂帳篷。至於第二頂帳篷，他們找到一處絲毫都不像是適合紮營的地點，只得設法補強。它位在一長片傾斜厚岩板的基部，於是他們在它上面造了個平台，這才紮起帳篷。三點，挑伕們被遣回北坳。

連托住帳篷的小片平地都那麼難找——下一回探險團也將同樣經歷這項困難——這

可具體說明這片山面是何種樣貌。聖母峰的山面並無斷崖橫阻往上的路，但它一路陡斜直上。

那天晚上相當暖和，溫度計不曾掉到華氏七度（攝氏零下十四度）以下，第二天他們便計畫直上峰頂。它一直在他們的視線內，直線距離僅大約一哩，在那透明的空氣中它看起來必定更近些。很可以假設像馬洛里和索默威爾這樣熱烈渴望成就這番志業的人，那光景必定讓他們持續精神昂揚。但馬洛里記錄道：那天早晨整個團隊沒有絲毫奮發精神。我們或許能下個結論：在海拔二萬五千呎，人類的精神奮發不起來。事實是：他們正處於長跑選手在最後階段那種精力耗竭、喘不過氣的狀態。如果現場有群眾狂熱地向他們歡呼，或如果他們具有讀心術，能夠知曉那些身在家中卻在想像中熱切追隨他們的進度的人，他們或許就能稍感振奮。但事實是，他們必須在死般的寂靜中朝目標奮力前進。在那高處中的最高處，在那一片冰冷的寂靜中，人類的精神必須在歡呼聲外兀自堅挺下去。

雪在二十一日早晨落了下來，山頭也被厚厚霧氣遮掩。把腳伸進結凍的靴子，再弄熱些東西來吃，得花不少時間，所以他們到了八點才出發。登山者直接往山上走，也就是說，他們採行東北脊的路線——那也就是從大吉嶺和崗巴宗都可以看見的山稜線；我們從照片中熟悉的聖母峰便是這個面向。才走不了幾步，摩斯海德卻說他最好不要繼續走上去了。他感到極端疲倦，不想在途中成為別人的累贅。於是他回到帳篷中等待他們回來。

上行的路徑持續陡峭，但並不難走。在那斷開的坡面上，幾乎可以到處走。並沒有體能上的奮鬥或強力的拉臂動作：他們並不是在爬山脊，而是一處山面。他們在聖母峰的山面上，但非常靠近稜線。真正的障礙是呼吸困難。他們必須避免匆促、突然的動作，而得做韻律性移動。筋疲力竭如斯，他們還是必須保持良好姿勢，並在行動中力求平衡。同時，他們必須精心刻意地進行長而深的呼吸。他們必須透過嘴來呼吸，而不是使用鼻子。呼吸到足夠的空氣——這樣才有足夠的氧氣——維持他們的肺部功能。由於這些因素，他們的工作必須講求方法。

他們運用這種方式保持行進，一次走二十至三十分鐘，配合三至四分鐘的休息。但呼吸的困難在發出警告了：他們走得不夠快，一小時才走四百呎。當他們繼續往上爬，速度還會更慢。漸漸地，他們察覺到：他們不可能到達山巔。它距離他們的帳篷四千呎，而依目前速率至少得花十個小時才能到達。此外，他們必須保留足夠的時間和精力，讓自己能夠安全回到紮營處，這段山路雖算好走，畢竟還是不能掉以輕心。這種思慮開始在他們心中形成分量。他們原先的目標遠在他們能力所及的範圍外。兩點三十分，他們決定折返。

他們所到達的地點，後來經過經緯儀測定，海拔為二六九八五呎。

現在，他們既已爬到這樣的高度，比任何人所曾到達的高度還高出二千六百呎，那麼很可以假設他們必定感到意氣風發了。而且我們會認為：當他們僅僅距離東北脊的最高點三、四百呎時，無論如何一定會渴望再向上拚，好一覽山脊的另一邊，或許能看見大吉嶺山脈。無論如何，我們會認為，當他們向下眺望像卓奧友峰這樣比二萬七千呎低不到二百呎的巨峰時，一定會感到極端快樂。但馬洛里和他的同伴並沒有這類感覺。他們心中已不再有任何情感。他們接受了不能到達山巔的事實。既然接受了這項事實，他們便懷著某種程度的私密滿足感下山。索默威爾甚至承認，在那當刻，他一點也不在意能否爬上山頂。他們心中任何一絲奮發精神和歡愉感皆被淘盡了。

到了四點，他們回到帳篷；摩斯海德看到他們回來時顯得非常高興，但他的狀況很不好，在繼續往北坳撤退的下坡路上，必須小心照顧著。不久他們就獲得一個驚悚經驗，足以顯示甚至聖母峰的「平順」山路也有它的危險性。他們四個人以繩索綁在一起，走在最前面的是馬洛里；當第三人滑跤時，第四人遂失去平衡；第二人雖能打住，但無法將他後面的兩人抓牢。突然，這三人朝東邊山脊的陡坡滑下去。這三人加速度往下掉，很快便將摔落二、三千呎，摔得粉身碎骨；此時馬洛里聽見後方似乎有些不對勁，立刻本能地將手中冰斧鑿入雪中，將繩索牢繫在斧頭柄部並用力壓住。第二人先前打住的動作防止了繩索立即突然拉扯，這三人的命就這樣保住了。命保住了——這都要感激馬洛里這位登山家的卓越技術。

然而，這並非他們最後一次的恐怖經驗。這次意外事件之後，他們必須走下一段雪坡，而且必須鑿步而行。這是很累人的工作，而摩斯海德現在已經病得需要扶持。夜幕正緩緩籠罩，他們卻還有段長路要走，而且走得非常非常緩慢，因為他們得摸索下行，只能藉著入夜後依稀可辨的岩石輪廓分辨路徑。最後他們到達了北坳，但還必須在高大的冰塊及冰河裂縫之間找路，而這並不容易，因為即使點了盞燈籠，他們還是走錯了許多路，直到晚間十一點才到達帳篷。他們以為麻煩就此終結，而且將能找到食物，最重要的是水——一些溫熱的飲品，因為，正如所有登聖母峰的人，他們已因吸入大量乾冷空氣而感到口乾舌燥。所以，當他們發現帳篷裡居然沒有鍋子可以煮融冰雪時，是何等驚恐啊！由於疏忽，鍋子都被帶回第三營去了，沒有任何溫熱的東西可吃了。在那臨死一般的痛苦焦渴中，他們所能獲致的最流質提神物是草莓果醬加結凍牛奶和冰雪後敲打出來的東西。

他們締造了世界登山紀錄之後，除了吃這種東西，就別無他物能補充體力，只得躺進睡袋。累極、倦極的人哪！毋怪乎諾頓興起了這主意：在下一次探險中，應該在北坳營設個奧援團隊，以便有人迎接並協助歸來的登山者進入營區，並立即供應他們溫熱的飲料和食物。經驗可以教會人很多東西，但同時帶給人劇痛。

第二天，五月二十二日，一早還得下到第三營；那並不容易。下了許多雪，舊的步道不見了，因此下行時不但得找到一條新的路徑，還得鑿步而行，以確保必須登上北坳營取下睡袋的挑伕通行安全。

他們六點出發，接近中午時終於抵達第三營；到達時已完完全全累垮了。無論如何，維克菲爾德將他們帶進營中照料。營中有無限量茶飲可供他們食用，他們慢慢恢復了精神。但摩斯海德的手指頭已遭嚴重凍傷，好幾個月之久不能確定能否繼續保有它們。

【注釋】

1 喬治．埃佛勒斯爵士（Sir George Everest）：一七九〇—一八六六年，英國地理學家，印度次大陸測量總監。——編注

第十二章

試用氧氣

馬洛里和他的隊友從北坳下山時遇見了芬奇——他正使用氧氣登上山來。他是氧氣使用的熱中人士。身為大學化學教授的他，具有所有科學界人士欲將科學加以應用的熱心。他無論採取什麼行動，做法總是既宏觀又兼顧最微小的細節。他從一開始就贊成並鼓吹使用氧氣，而且打從英國決定啟用氧氣開始，他就被分派了所有相關任務。

氧氣一直被飛行員使用，但截至此時為止，尚無登山者嘗試將它使用在攀登聖母峰這麼大規模的登山活動上。先前也就沒有為此目的而設計出來的裝備。因此，這回探險團所使用的裝備是特別訂製的，而當這些裝備開始被使用，免不了會出現許多缺點。芬奇花很多時間修正那些裝備的缺點，並訓練登山者使用它們。這項訓練工作想必吃力不討好，因為沒有一個神智清楚的人能夠興致勃勃地攜帶那麼一副麻煩又彆扭的裝備，更不會喜歡剛剛戴上那可怖的面罩時那種令人窒息的感覺。但當然啦，芬奇是個狂熱分子，就像任何想推動一種新觀念的人那樣。

此君身為氧氣熱心人士兼登山家，其決心是不會被任何困難征服的。他離開英國的時候身體狀況可能不是很好；在西藏，他又鬧起了胃腸病。然而，憑著意志力，他以某種方式克服了胃疾，於五月十六日安好無恙地離開了基地營。本來諾頓有意與芬奇作伴，一同從事這趟氧氣試用之旅，但因芬奇身體不適，諾頓便先與摩斯海德出發，加入馬洛里和索默威爾。因此，芬奇便帶著喬佛瑞．布魯士同行。

以英國登山協會的觀點看來，喬佛瑞．布魯士並非登山者。他只是一位「健行者」。然而他是一位非常傑出的健行者，具有登山者的身材——高而瘦，不會太過矮胖結實。他也有很好的心性，而這幾乎是不在話下的，因為對整個登山團隊而言，那是一種普遍的屬性。在心智上，他也具有某種柔軟性與適應性，無論在登山技術或氧氣的使用上，他都能虛心學習，而這僅僅次於真正的經驗。

氧氣隊中的第三位成員，是短小精幹的廓爾喀人泰吉比（Lance-Corporal Tejbir）；他將搬運儲存氧氣的鋼瓶到可能達到的最高處，使真正的登山者能繼續往上走。他必須提供苦勞，以利別人建立功績。在登山活動中總要有人扮演這種角色，沒有人比那些因他們的勞苦而立功的人更感謝他們了。

維克菲爾德本來想參加這個團隊，卻因作用在他身上的高海拔效應比他預期中厲害，只好作罷。他已不像從事英格蘭西北部坎柏蘭（Cumberland）地區那些著名的登山活動時那麼年輕了[1]。現在，他以擔任前進基地醫官來滿足自己；他陪著芬奇和喬佛瑞．布魯士來到第三營區，為他們做一次最後體檢，讓他們在良好體況中從事更高處的攀登。

在上溯冰河途中，喬佛瑞．布魯士和泰吉比接受鑿冰術和登山技術的指導。五月十九日，他們到達第三營，同日，馬洛里那隊人馬登上了北坳。氧氣裝備，尤其是口銜吸入器，有更多需要改進和修正處必須在第三營區完成。五月二十二日，芬奇和隊友往上爬到北坳與馬洛里和他的隊友會合，並對氧氣裝置進行最後一次測試。他們在很好的時段抵達了北坳，就在同一個下午回到第三營。他們上去花三個小時，下來花五十分鐘；芬奇對這些結果感到很滿意。

現在，諾爾加入了他們。諾爾只是攝影師，也只是「健行者」，但他和探險團中其他成員一樣，對攀登聖母峰有著熱切的盼望和堅定的決心。這想法已縈繞他心底多年。他對大自然有深厚情感，對山的美也有相當細緻的感受性。他的雄心壯志就是同時以靜態及動態畫面為這次探險留下完美的紀錄。他想捕捉並表達山的精神、它們所激發出來的敬畏感、它們可怖的性質、它們的力量與榮耀，以及它們令人難以拒絕的吸引力。他心中的藝術家靈魂正強勁運作著。他也是個不知疲倦的人。探險團回來後，每一位成員都說諾爾比誰都工作勤奮，他若不是在山邊照相，就是在帳篷中沖洗照片，一待好幾個小時。對沖洗照片而言，那是充滿試練的環境，持續不斷的厲風會將塵埃或粉狀雪吹得到處都是，而寒氣會立刻把水或任何一種溶液凍結。這地區不利於照相的另外一點，就是它過度乾燥。照相器材的手搖桿一旦被扭轉，就會釋放出電光，因而破壞掉畫面。

想將諾爾和他的攝影器材送上聖母峰，可不是尋常搬運手段所能辦到的。然而，北坳卻在「射程」內，因此，當芬奇和喬佛瑞．布魯士於五月二十四日出發，在山上從事那或許可以稱作「氧氣出擊」的行動時，諾爾便跟著它們。那晚他們在北坳營過夜，五月二十五日芬奇和他的隊友留下諾爾，從那兒啟步再度向上進發。

十二名挑伕背著氧氣筒、一天食糧和紮營器材，陪同芬奇、布魯士與泰吉比出發——挑伕先走，登山者在一個半小時後啟程。後出發的這些人也是每人負重超過三十磅，這就是氧氣裝備的重量，但因他們藉此能吸到氧氣，便在海拔二萬四千五百呎處趕過那些挑伕並繼續前進，抱著能在海拔二萬六千呎高度紮營的希望。但結果證明這是不可能的。在大約一點鐘時，風力增強，雪也飄下來了，天氣開始具有威脅性，必須立即就地尋覓紮營處，因為挑伕們必須回到北坳，而他們的性命絕不能因為下坡時遭遇大風雪而陷入險境。

現在整個團隊停駐處海拔高約二萬五千五百呎，這個高度低於登山者意圖到達的高度，但即使如此也高於建議海拔了。它與峰頂之間還有三千呎得爬，而這麼大一段距離一時之間根本爬不了。既然那一天不能再爬，眾人便在一處選定地點架起一個小小的平台，帳篷就紮在上面，挑伕們也被遣回了北坳。

芬奇、布魯士和泰吉比的帳篷紮在一個並不穩固的地點。可以說，它是以指尖抓住山坡，並不是穩穩紮在堅定地面上，而是撐在一面斜坡上。它們正處在那個恐怖的絕崖邊上——它向下直削四千呎，直至絨布冰河。一場暴風雪正在醞釀，雪下大了。那細微的雪粉被猛風一吹，就透進了帳篷，滲入帳篷裡的每件物品。那是酷寒的天候；他們三人擠在那小小的帳篷中，試圖將雪煮成熱飲來暖身。但即使那樣也舒服不了多少，因為在這麼高的海拔，水的沸點很低，不可能有真正的熱飲可喝。除了胡亂湊和些微溫的茶或湯外，根本張羅不出什麼了。

日落後，暴風雪以狂怒姿態全力吹襲；它撕扯著那脆弱的小帳篷，威脅著要將它連同其中的人類像草芥般吹落山崖。這三個人必須時常走入冰暴漩渦中，將支索繫牢並疊放更多石頭。一整晚，這場與自然力的奮鬥必須持續不輟，不能稍有鬆懈。睡眠是甭提了，因為厲風猛烈拍打著帳篷，而且他們必須持續保持警醒，以免被風捲落斷崖。那螺旋進行的風雪強力掃過帳篷、臥鋪及衣服，引發最尖銳的不適。

到了天亮時，雪停了，但風還是同樣猛烈。無論如何，是沒有希望再往上爬了，甚至往下走也不可能。他們必須待在原地。到了正午，暴風更強勁了。一顆石頭在帳篷上劃破一個洞，使得情況更糟。然後，在一點鐘左右，風力突然降到強微風的程度，這給了他們迅速撤退到北坳的機會。

如果「安全第一」是他們的守則，那麼撤退便是他們應該採取的行動了。但登山者不屈不撓的精神尚未被征服。他們仍然不死心地希望第二天再向上爬。在日落前，令人振奮的補給兵團到達了。帳篷外有聲音傳來，諾爾從北坳派來的挑伕出現了；他們以保溫容器帶來了熱呼呼的牛肉茶和茶水。

這個小小事件只是再次說明登山的成就是如何提升上來的。人被派上海拔二萬五千五百呎高度去送保溫瓶！在險惡的天候中亦然，半夜也照樣趕路！那些人這麼做是懷著如何耿摯的忠心啊！美妙的是，這種義行將自然而然地激發出登山者多少向上奮鬥的熱心啊！

登山者感激地收下保溫瓶，將挑伕遣回北坳。但他們現在筋疲力竭了。缺乏睡眠，加上徹夜努力保住帳篷，累垮了他們。身體既孱弱，感冒效應便出現了。一種死亡、麻痺的感覺爬上了他們的四肢。在這種極端的狀況中，他們想到了氧氣。不時地，他們吸它一口，便通身溫暖起來。一整夜，他們就這樣間歇吸一、兩口氧氣，有了這劑提神藥才勉強獲致足夠的睡眠。

他們在天亮前便起身準備登山。靴子全凍得硬透，他們於是點起蠟燭來使它們恢復原形，這便花掉了一個鐘頭。六點三十分，他們出發；芬奇和布魯士各自扛著氧氣裝備、照相機、保溫瓶等等，負重達四十多磅，泰吉比則扛著另外兩瓶氧氣桶，重約五十磅（約二十三公斤）。對於必須扛那重量的人而言，那是個殘酷的負擔；使人願意如此做的那份信心足可移動聖母峰了。這份信心是否經過驗證而產生，則是另一個問題。

芬奇的意圖是：順著北壁邊脊直上山稜，並讓泰吉比背負兩瓶備用氧氣筒爬到山稜的起點，然後將他遣回營區，等候芬奇和布魯士回去。但那份重負對可憐的泰吉比而言實在太多了，才走不到幾百呎他就癱了，無論布魯士如何勸誘都無法鼓吹他再往前挪動一步。所以，他必須被遣回。他所完成的，的確已非比尋常了。他漂亮的成績值得所有的榮耀——而且也頒發給他了。他到達幾近海拔二萬六千呎的高度。

剩下來的兩人現在繼續前行；因為坡道並不難爬，他們便拆下了繩子。他們經過兩處幾近平坦、面積足可紮營的地方，到達二萬六千五百呎的高度。然後因風力大為增強，芬奇決定離開這北壁邊脊的坡道，轉而直接切過北壁。他希望藉此尋獲較佳的蔽身處，以躲開冰暴風——他預料那也是他在真正的山脊上將會遭遇的。

但在北壁上的行進並不比在它的邊脊上順利。一般而言，其坡道角度陡了許多；岩層的生成方式是向外、向下方向。有時候，岩塊被靠不住的雪粉替代——那雪粉形成欺人的薄硬殼，讓人以為是厚實的岩塊。在這種情況中，落腳處並不總是很安全。但芬奇為了節省時間，仍然不使用繩索，他和布魯士就這麼獨立地爬過了北壁。

離開北壁邊脊後，他們並沒有往上進展多少，因為他們幾乎是水平移動。但就距離而言，他們離峰頂更近了；這很令人振奮。在二萬七千呎處，他們斜切而上，到達那直指峰頂的山脊，約在它的半路上，直至布魯士的氧氣裝備因小意外而發生故障。芬奇將布魯士的氧氣筒連結到他自己的，以便布魯士仍能吸到氧氣，然後追蹤出麻煩所在，完成滿意的修復。

「追蹤出麻煩所在，完成滿意的修復」，這本身便是項了不得的功績，因為，在二萬七千三百呎高處，人的機能幾乎麻痺到不存在的地步。登山者們只能遲鈍地機械性拖著步子，腦子裡一片茫然。但芬奇還保有某種心智上的警醒及意志力，也才有能力修復那些裝置。

然而，他們已經走得夠遠了。他們因為飢餓而虛弱，又因那個晚上徹夜與風搏鬥，身子虛脫了。他們離峰頂仍然太遠，登上去的機率很渺茫。他們或許離它僅半哩遠，卻足足低於它一千七百呎。前頭並無勉力往上衝刺的實體目標，他們只能往回走，因為艱難的事實橫阻在眼前。

他們這番努力所達到的最高點，在聖母峰北面海拔二七二三五呎處。他們看見了什麼？他們覺得怎樣？留下來的紀錄又是很少；他們的腦子裡為什麼對活動只留下那麼少的記憶，原因很簡單，就是：他們上山後立刻又要下山。芬奇最多只能說：雲很多，而那座標高二萬三千呎的美麗普摩里峰最初幾乎看不見，因為絨布冰河旁邊一座覆著冰雪的小小山丘將它擋住了。他甚至不記得拍照，雖然他身上有照相機。他們整個腦子都在想：下山去吧！

既已決定回頭，芬奇和布魯士很快就開始往下走；現在他們用繩子將彼此綁在一起，以免氧氣供應被意外阻斷時其中一人不幸失足。下坡進展很快，但必須小心。大約下午兩點，他們又到達北壁邊脊了。他們在那兒卸下身上四瓶鋼筒，才半小時就到達他們的帳篷。在帳篷中，他們發現泰吉比正舒舒服服地裹著他們三個人的睡袋，陷在那虛脫之後的沉睡中。挑伕現在上山來搬運帳篷了，芬奇便將泰吉比交給他們，繼續向北坳行進。他們的身體因虛脫而顫抖，只能蹣跚前行，但仍勉力走到了北坳營區，時間是下午四點。在那兒，諾爾已為他們備妥了熱茶和一碗罐頭義大利麵。漸漸恢復體力後，他們在四點四十五分繼續上路，諾爾陪同他們，照料他們，讓他們安全走下那段陡峭的冰雪坡道，到達下面那幾乎呈水平的冰河盆地。到了下午五點半，他們抵達第三營區了，也就是說，他們已從他們所到達的最高點下降了六千呎。

登峰造極的嘗試失敗了，但這趟用氧登山是一番非凡的努力。登山者所展現的冷靜和不動搖的決心，鮮少有人能望其項背。

【注釋】

1 坎柏蘭是平地，空氣足，人就像一條龍；高海拔空氣稀薄，人就像一隻蟲。——審注

第十三章 雪崩

登山的另一次偉大功績已被完成，另一項紀錄已寫下，但聖母峰仍未被征服——那是現在必須面對的殘酷事實。聖母峰尚未被征服，而探險團已幾乎山窮水盡，沒有任何資源被保留以供使用。最好的登山家皆盡了全力，而人幾乎不可能在同一季中兩度登赴聖母峰。然而，登山者們甚至還不準備接受挫敗。他們會繼續努力，除非已確實踏上歸途。這就是他們躺在基地營休養生息之際的心態。

索默威爾是全隊中狀況最好的。馬洛里有輕微凍傷，心臟也稍受影響。諾頓則受了凍傷，心臟也變弱了。摩斯海德因凍傷而持續疼痛，並極有可能失去手指頭。後兩者當然必須盡速送返錫金，不宜有絲毫耽擱。當芬奇與喬佛瑞．布魯士兩人抵達基地營，後者的腳已因嚴重凍傷而不能行走了。芬奇本身雖筋疲力竭，卻未遭凍傷，心臟也完全無恙。五月底，登山者整體狀況如此，並不是很有再度嘗試的希望。史楚特累垮了；龍史塔夫亦大不如前，而維克菲爾德與克羅福特則皆尚未適應高海拔效應。

但在雨季開始前，如果這些人當中有幾位能恢復過來，或許就有機會再試一次。史楚特、摩斯海德、喬佛瑞．布魯士、諾頓和龍史塔夫必須立即送返錫金。只有一個機會，那就是：如果馬洛里的心臟能有進步，而芬奇的體力也恢復過來。

六月三日，馬洛里體檢結果狀況良好，探險團立即決定安排進行第三次嘗試，但布魯士將軍警告所有相關人員：季風雨季節已來臨，他們將冒著遭逢它的危險。馬洛里、索默威爾和芬奇將組成登山隊；維克菲爾德和克羅福特則在第三營負責支援登山者。有足夠的挑伕可以幫忙這兩組人。就在六月三日那天，登山隊抵達了第一營區，但芬奇的身體狀況顯然不宜繼續走上去，因此次日折返加入龍史塔夫的傷病團體往錫金去了。他確確實實盡了全力，沒有人期望他付出更多了。六月四日，不祥的季節雨徵兆出現了。雪重重落下來，登山隊必須待在原地。既知道季節雨開始了，並體認進一步嘗試已無可能，那麼他們應該就會折返。但季節雨在那個地區並沒有十分確定的起始日期。雪下大了後又會稍停，乍然放晴。馬洛里所指望的就是這麼一小段晴天。他寫道：他們不會一頭栽進顯然的險境中，但與其被一般性狀況預估所攔阻，他們寧可到了他們不準備去冒的危險確實出現時，或無法克服上山的重重難關時，才甘願罷休。

他們到達第一營的次日下了整晚的雪，但六月五日早上天氣好了些，於是他們決定繼續上行。他們很驚訝地發現這場雪稍稍改變了冰河的狀貌。它大部分融化或蒸發掉了，只剩下六吋深。他們行經第二營，直上第三營。在這裡，雪深得多了，整個景色，包括低懸在山邊的雲，是一派陰鬱與孤淒。更有甚者，這兒的帳篷先前為了節省竿子而被拆下，現在有一半盛滿了冰雪；埋在雪下的補給品也必須挖出來。

在這種情況下還有可能繼續往上走嗎？他們真的有希望到達山頂，或爬到高於先前到達的高度嗎？在那個晚上，答案似乎充滿疑問。但第二天早上天氣放晴了，很快又見晴空朗朗，陽光燦然；希望又被挑起，特別是因為東北脊上的雪一直被風吹下來，那段山脊很快就會適合攀爬。

現在，他們將信心繫於氧氣。他們將不可能在北坳上建立第二個營區了。而沒有第二個營區，他們知道他們不可能在缺乏外力幫助下爬到先前到達的高度。但氧氣將發揮神奇妙用。索默威爾已從芬奇那兒學會了氧氣筒機械裝置上的細節，所以能夠操作它——他確信如此。那些曾使用氧氣的登山家如此信服於它的功效，所以馬洛里和索默威爾也就對它深信不疑。他們有意從芬奇的經驗受益。他們也再度想試著在二萬六千呎處紮一個營。同時，他們不打算在到達二萬五千呎前開始使用氧氣。

然而，上北坳的那道冰牆必須先做一番處置。他們並不奢望在一天內到達北坳，因為降在那上面的新雪實在太多了。但他們可以立即帶著一些綑包往上走段路，因為必須盡量利用尚持續的好天光。因此，就在同一日，六月七日，他們開始這項工作。

他們在早晨八點啟程。雖然夜裡地面結了冰，但那層硬殼不怎麼承受得了他們的重量，所以幾乎每走一步就沉下去直沒至膝蓋。他們預料可能會有雪崩，但他們害怕會發生雪崩的地方只在一個地方，那就是第四營坐落的山崖岩架的下方，那最後的二百呎陡坡。他們在那兒必須小心行進，先測試過雪的狀況才越過那坡。至於一路上其餘部分，他們認為不會有什麼危險。

維克菲爾德被留在第三營擔任支援官，現在，登北坳的隊伍由馬洛里、索默威爾、克羅福特及十四名挑伕組成。這三名登山者既不必背負綑包，當然就必須在前頭開路，在那陡峭又覆著白雪的冰坡踏出一條路徑供負重的挑伕行走。那雪在冰上結得很牢，可以直接走上去，不必鑿階而行。他們盡一切可能掘開雪，以吸引它崩塌下來，但它動也不動。走過這險要坡段後，他們一行人毫不遲疑地奮力向前行。他們相信，如果雪在那個坡段不塌下來，那麼在比較平緩的坡段上也就不會崩下來。不會有雪崩的危險了。

所以他們勉力上行，通過那深深的積雪；累人如斯的工作，使得他們每向上移動一步，就必須停下來喘好幾口氣，直到將重量移到另一隻腳。所幸那天天氣晴朗無風，到了一點三十分，他們抵達一塊顯著的大冰塊下方四百呎處，也就是北坳下方六百呎處，仍然在那條走廊的平緩坡道上。他們在這兒休息了一段時間，直到挑伕們順著三條分開的繩索攀上來。然後，整隊人馬繼續向前行，小心翼翼，但並未想到會有危險。

他們僅僅向前進行了一百公尺，由索默威爾領隊的這一行人已爬上了那段坡的上方，但尚未越過它。當最後一組挑伕剛跟上索默威爾的步伐，大家突然被一陣巨響嚇住了。「一種不祥的、尖銳的、暴力的聲音如雷貫耳而來，然而那聲音聽來又有點軟趴趴的，像是沒有封裝的火藥爆炸的聲音。」馬洛里以前從未聽過這種聲音，但他立刻本能意會那是什麼。他眼睜睜看著腳下雪面破裂又皺縮起來，然後，他隨著一片由不可抗拒的力量推動的坡面緩緩向下移動。他設法從那坡面脫身，以免被推到那段坡面下方。有一、二秒鐘之久，他靜悄悄地隨著雪往下滑，似乎一點危險也沒有。然後，他腰上的繩索扣緊了，將他抓住。此時，一波雪落在他上方，將他埋住。看起來，他就這麼完了。但他記起了：在這種情況下，最大的逃脫機會繫於游泳動作。所以他將手插入頭上的雪中，躺著以雙手不斷划出游泳的動作。然後他感覺到雪崩的速度緩下來了，最後完全止息。他的雙臂自由了，他的雙腿則已接近表面。再經過一番短暫的奮鬥，他站立起來，驚魂未定、氣喘吁吁地踩在那靜止不動的雪中。

但繩索還繫在他的腰際；他設想：綁在他身旁不遠的那名挑伕必定被深深埋在雪中。令馬洛里驚訝的是：那名挑伕竟然毫髮無傷地從雪中冒了出來。不久，索默威爾和克羅福特也分別將自己救出。他們的體驗必定和馬洛里的十分相似。

到目前為止一切都好。他們看得見一百五十呎下方一群四人一組的挑伕。或許其他人也都安全。但這四個人卻一直朝下方指指點點，顯然其他挑伕被帶到更下面的地方了。馬洛里和他的伙伴們急忙趕過去，很快就發現這四名挑伕站立處的下方有個可怕的落差：一段四十呎高冰雪斷崖。那些失蹤的人必定被掃落下去了。登山者們立刻找一條路繞下去，然後，他們最糟糕的恐懼被證實了。有一個人立刻被挖出來，仍然活著，並恢復了神智。另一名用鋼架背著四瓶氧氣筒的挑伕被挖出來時是頭朝下躺著，但雖被埋了大約四十分鐘，卻仍在呼吸。他也恢復過來了，並且能夠走回第三營。但其餘七位全罹難了。

於是，第三次嘗試以悲劇告終。顯然這個團隊不應該到上達北坳的斜坡去冒險。但這麼說卻是事後的聰明。一切跡象都顯示情況安全無虞，而且馬洛里和索默威爾也都是經驗豐富又細心機警的登山家。或許可以承認他們是在跟時間競賽，但他們也不是會冒無謂危險的人，更不會為了不必要冒險輕易犧牲可憐的負重挑伕。對於這些挑伕，他們的的確確懷抱著最大的尊敬和最真摯的情感。

對於那些在這趟偉大探險行動中忠心扮演一己角色而後喪生的挑伕，探險團中的英籍成員深感同情。這件事在這些亡者的親人、朋友及周遭的人當中造成什麼反響，布魯士將軍曾描述在他的報告書中。那些篇章顯示出當地人對這類意外事件的態度，具有特殊的價值。

接到這個消息後，他向絨布寺的大喇嘛通報；這位大喇嘛「對整個事件極為同情，極為慈悲」。不少寺院為這些亡者和他們的家屬舉行了佛教儀式。所有的挑伕，特別是那些亡者的親人，都受到絨布寺大喇嘛親自接見，並給予特別的祝福。稍後，布魯士將軍也收到一封來自他的朋友，尼泊爾國王的弔唁函。國王陛下寫道：「這使我想起：許久以前，在我們兩人共同的朋友馬內斯．史密斯（Manners Smith）上校的時代，您為我們的議會帶來了一項議題：是否為那攀登眾山之王的計畫發給通行尼泊爾的許可。那時我才知道：本地百姓間盛行一種玄密的信仰：山的高處是濕婆神和帕瓦蒂女神[1]的住所，任何人膽敢冒犯，都將因褻瀆聖地而為印度教的國度及其人民招來災難。這種信仰或迷信——任您怎麼稱呼它——是如此堅定不移，以致他們將這樁悲劇事件歸因於神的憤怒，而神的憤怒是他們無論如何也不想去冒犯的。」

聖母峰北側的西藏和聖母峰南側的尼泊爾，對這起山難的看法就是這樣。布魯士談到西藏人時，說他們是迷信和通達事理二者的奇妙混合體。顯然他對尼泊爾人也會做相同描述。

他更進一步說道：住在高山上的尼泊爾部落以及不丹籍雪巴人有一種信仰：當一個人墜落山崖死亡，便成為奉獻給神明的犧牲品，特別是對於失事現場的山神。他們更相信：任何人如果在別人發生山難的日期和時辰恰好也在同一地點，來日也將落山而亡。

然而，儘管發生了這場災難，又有這些迷信盛行於民間，探險團中存活下來的挑伕很快又能夠對事情採取輕鬆的看法。他們就僅僅抱持這種看法：那些人的時辰到了。如果時辰未到，他們就不會死。沒有什麼好多說了。那是他們對命運的信念。而且他們也完全準備好加入另一次聖母峰探險了。如果命中注定他們將死在聖母峰上，他們就會死在那兒；如果不是，這就不會發生。事情就這麼結束了。

所以，那場山難絲毫不曾令這些挑伕和其他人喪失勇氣。他們大夥兒仍準備為下一次探險勇往直前，一如既往。

不過，那些登山者本身卻對這起山難非常在意。他們覺得那是他們身為登山家的一大恥辱。但如果那是恥辱，兩年後馬洛里與索默威爾便在這同一地點將它抹去，如同我們現在所聽聞的。

【注釋】

1 濕婆神（Shiva）：印度三大主神之一，主掌「毀滅」；另兩位是梵天（Brahma）和毘濕奴（Vishnu），分別代表宇宙的「創造」和「守護」。帕瓦蒂女神（Parvati）：印度教的雪山女神，為濕婆神的妻子，亦為戴維女神（Devi）的化身之一。戴維女神是萬物之母，同時代表創造和毀滅的力量，就像印度教三位主要神祇一樣，戴維女神也有許多化身，除了帕瓦蒂以外，還包括有：溫和的吉祥女神（Lakshmi）、凶猛的時母（Kali）、學習女神薩拉什瓦提（Sarasvati）、女戰神杜爾迦（Durga）等。這些女神都以不同的形象和神力，受到印度教徒敬畏。——編注

第十四章

高海拔生物

世界最高的山頭尚未被拿下，但人類已經靠自己的力量爬到了海拔二萬七千呎。是否曾有任何其他生物做到這一點？是否曾有其他獸類，或昆蟲，或甚至鳥類，曾到達如此驚人的高度？這點不無疑問。有一隻紅嘴山鴉曾在兩年後飛上來——牠隨著另一支登山團體飛到那個高度去收集登山者的食物碎屑。但烏鴉不會為了那壯麗的景色或登高的榮耀而飛得那麼高。而這是有史以來，食物一度被帶到海拔二萬七千呎的高山上。所以我們可以假設，在那以前不曾有紅嘴山鴉到過那個高度。禿鷹飛得很高，沃勒斯頓曾在一九二一年觀察到一隻禿鷹飛過二萬五千呎的北峰上方，但並未超過它二千呎；而這是已知人們見到禿鷹蹤影的最高海拔。牠們不會飛得比需要的高度還高，而對牠們來說，飛到二萬七千呎的高度並沒有顯然的需要。

眾所公認，到那時為止，人類在一九二二年所獲致的高度，高過任何活物憑己力到達的高度。他憑恃雙腿所到之處，已高過有翅生物飛到的地方。

這幾次聖母峰探險活動，提供了絕佳的機會讓我們知道各種各樣的生物能在多高的地方生活。這個問題更由下一梯次探險團中的博物學家，即「印度醫療服務處」（Indian Medical Service）的興斯頓少校特別加以詳細研究。但前後三次探險活動都在這方面做了貢獻，而此刻正適合將其結果加以敘述。

地球上最高的恆久住客，似乎是興斯頓少校在海拔二萬二千呎處發現的某種蜘蛛。牠們是小型的阿提德（Attid）蜘蛛，看起來似乎尚未長成，體型微小，呈黑色。牠們生活在岩石碎屑中，潛行於溝縫裡，並藏身於石塊下。牠們到底以什麼維生仍是個謎，因為在那個高度，除了光禿的岩石和冰之外，什麼也沒有——沒有任何植物，或任何肉眼可見的有機生命。蜜蜂、蝴蝶和蛾或許偶爾會被吹到這麼高的海拔，但這裡似乎是這些蜘蛛自然的家：牠們是住民，不是過客。

被看見的最高海拔植物，是一種小型的砂草（*A. musciformis*）；沃勒斯頓發現它們呈坐墊狀簇生，寬數吋，直生長到二萬零一百呎處。他也在二萬呎處發現多種草和苔蘚類，以及高山火絨草。

這些是世界上住得最高的生物。在訪客當中，除了沃勒斯頓所見飛翔於二萬五千呎的鬍鷲，以及一九二四年跟著一支登山團隊飛到二萬七千呎高的紅嘴山鴉外，索默威爾也在卡達普峰（Kharta Phu）上二三六四〇呎處看見一些紅嘴山鴉。而在二萬一千五百呎處雪地所見到的足跡則幾乎都是野狼所留，野狼本身的蹤影則大約在一萬九千呎處見到。沃勒斯頓曾經兩度見到一隻戴勝鳥飛過二萬一千呎高的卡達冰河（Kharta Glacier）上方。大約在同一個時候，他也看見一隻小蒼鷹飛過天空。

在二萬一千呎處的第三營區，興斯頓看見幾隻紅嘴山鴉和一隻巨嘴鴉，兩者似乎都是循著營帳飛上來的。他在那兒所見過的一隻朱雀似乎是越過山脈移棲過來。另一名訪客是隻大黃蜂。沃勒斯頓在二萬一千呎處看見狐狸和野兔的足跡，而牠們本身則在二萬呎上被看見。

在卡達冰河上，海拔二萬呎處的營區，每天都有鬍鷲、大烏鴉、紅嘴山鴉、阿爾卑斯烏鴉，以及黑耳鳶來訪。在海拔二萬呎上，可以看見藍山羊的糞便，而在一萬七千至一萬九千呎之間綿羊相當常見。一種新物種的短耳「皮卡」（一種野兔，*Ochotona wollastomi*）被發現於一萬五千呎至二萬呎之間。一隻沒曝露真面目的老鼠在二萬呎的帳篷內偷吃食物。

在卡達山谷內，一萬九千呎高處，可以見到矮種的藍色綠絨蒿和多種類的虎耳草，另外還發現了一種奇異的青木香（sasusurea）——花上滿是棉絮的大型菊科植物。

在一萬八千呎上卡達山谷中，有最小的杜鵑屬植物（*R. setosum* 及 *R. zepidotum*）和一種毛茸茸的矮小藍色飛燕草（*D. brunnoneanum*）；在這個海拔上，沃勒斯頓也看見了一種很漂亮的紅胸朱雀。而興斯頓則在海拔一萬八千呎的荒涼冰河堆石上發現了一種新屬類迷你蚱蜢；在同海拔上也見到一隻古登史塔氏紅尾鴝（Guldenstadt's redstart）。

降到了一萬七千呎，生物種類更為繁多了。在卡達山谷中，生長在溪流岸邊的是一種非常漂亮的龍膽屬（*G. nubigena*）植物——單單一支花梗上就著生半打花朵；附近則有一種很香的紫色和黃色小翠菊（*A. heterochoeta*）及一種鮮黃色黃菀（*S. arnicoides*），其葉平滑光亮。在乾地上，則長著一種奇異的深藍色野蕁痲（*Dracocephalum speciosum*）。他也提到他曾看見美麗的龍膽屬植物（*Gentiana ornata*），但是否在這麼高的海拔上看見則不清楚。

在這個海拔上，人類出現了。興斯頓提到，在絨布河谷中，一位隱士閉關在一萬七千呎上的一間密室中。在這個海拔上，他也看見了食虫虻、掠食黃蜂、西藏野兔（一隻鼠兔），以及龜甲蝴蝶、阿波羅蝴蝶，還看見一群藍山羊沿著山壁在做工。

沃勒斯頓在卡達山谷中同一海拔上看見許多不同種的鳥類。在積雪線以上常見大群的西藏鷓鴣（*Tetraogallus tibetanus*）。在溪流中，他見到河鳥（*Cinclus cashmiriensis*）；

在巨大的圓形冰河堆石間，他看見一隻體型很小、顏色很深的鷦鷯。雪地鷽鳥及東方岩鷚的棲息地似乎高到積雪線。九月間，在一萬七千呎以上，可以看見許多不同種類的候鳥，有田明克氏濱鷸（Temminck's stint）、彩鷸、長尾鳧鷸、毛腳燕，以及好幾種的鶺鴒科鳥類。一個晚上可以聽見好幾次遷移中的涉鳥叫聲，一定是麻鷸，不會錯。

在一萬六千呎上有絨布寺，興斯頓在基地營看見了山鷽鳥、棕色鷚鳥、旋壁雀、大烏鴉、鬍鷲、岩鴿，以及紅嘴山鴉。亞當氏山鷽鳥和古登史塔氏紅尾鴝也在此海拔築巢。每一坨糞便中、每一具動物屍體下面，都可見到推糞蟲。一種稀有的小黃蜂慣於在這裡的黏土中工作。半翅類昆蟲可以見到了，扁蝨藏身石頭底下。

現在我們已降到了白朗峰的水平，不需要再就這個主題探討了。但我們可以注意一點：在高於歐洲最高峰的海拔上，生存著多少不同種類的生物啊！興斯頓說，動物會為了獲取慣吃的食物而爬上山去，而且不會被實質上的險惡嚇阻住。牠們會無懼於寒風及越來越稀薄的大氣，只要適當的食物供應得以確保。他相信，如果在聖母峰頂上紮個營，紅嘴山鴉也將跟上去。

第十五章

重要成果

聖母峰尚未被攀頂，另一趟探險或許有其必要。但這次探險所獲致的哪些經驗能作為下一次探險的參考呢？

這次探險所發現者具有顯著的重要性——不單是對以後的聖母峰探險活動而言，即使對人類全體來說亦是如此。經由這次探險，我們發現人類能夠在高海拔效應中調適過來；人類能夠在越來越高的海拔上，越來越稀薄的空氣中，呼吸越來越少量的氧氣。如果人類的精神——亦即他對冒險的喜愛、他對自身所感到的驕傲、他的樂於衝刺以博同儕認可、讚賞和加油——會推動他去攀登那高山中之最高者，那麼他將發現自己能夠應付各種狀況；他將發現他的身體和心智皆善於回應精神的召喚。

這是第二次聖母峰探險的發現，而正如我們後來所見，這一點在第三次探險中獲得充分證實。如果我們回想在這些探險活動展開之前科學家們的意見，那我們將更瞭解這項發現的重大意義。科學家曾認為，在海拔二萬呎以上，人類不可能適應得過來。也就是說，若撇開體力的耗竭不論，如果你兩度從二萬呎爬到二萬三千呎，那麼你所感受到的高海拔效應，第二次將大於第一次。而如果你第三度爬到二萬三千呎，那麼感覺會更糟。同樣，如果你在二萬三千呎處待兩天，第二天你會覺得比第一天更糟。而如果你在那兒待到第三天，會覺得還要更糟。那將超出你水土適應的極限。你將不再能在那改變過後的條件下調適過來。你將不能呼應你的精神對你的召喚。你將不能隨機應變，而將屈服於困境。你將不得不承認被物質環境打敗，而不再享受克服困境的成就感。

這便是探險團開拔之前許多科學家所持的黯淡看法，而這全是因為他們對自己缺乏信心。他們對他們的科學充滿信心，但為了某種神秘的原因，他們總是將注意力集中於這個世界的物質、化學和機械面，以及細菌和疾病，對於人本身及人類這個大全體則甚少注意。而當他們對人類投以注意力時，也僅注意他的身體——生病的身體。他們所處理的是人類微小的分離物，以及這世界的微小分離物。他們不處理整體，因而他們得到了錯誤的結論。

藉由這次聖母峰探險，我們發現：如果人的精神將他二度上推到二萬三千呎，那麼他第二次所感覺到的高海拔效應會**低於**第一次。此結果經由真人一再實驗，並且在高於二萬三千呎以上地方實驗，總是一再獲得相同的結果。此外探險團很幸運地能有一名團員是醫療人員，並且碰巧曾在生理學方面做過若干年研究，而且他也是聖母峰登山行動中爬到最高處者中的一位——爬到大約二萬七千呎處，而且沒有使用氧氣。他將他的經驗記錄了下來。

談到登上北坳——二萬三千呎——的經驗，索默威爾說：「我們永遠不會忘記我們第一次爬上那該死的冰雪坡道的情景——每一步都艱困萬分，每一步都是奮鬥，直到最後登上那山坳時，幾乎完全虛脫了。」那是他頭一次爬上二萬三千呎的體驗。現在讓我們再聽聽他第二次爬上二萬三千呎時的感受。他說：「在下方的第三營區（二萬一千呎）待了一、兩天後，我們再度登上北坳。這一次攀登是苦差事，但也不過就是那樣；到達北坳後，我和摩斯海德兩人欣喜萬分，立刻就去探索爬上聖母峰的路徑。」

所以索默威爾第二次登上北坳時所感受到的高海拔效應比第一次**更少**，而不是更多。現在讓我們聽聽他第三次爬上二萬三千呎時的感覺。他說：「一、兩天後，我們再度登上北坳，一路上除了偶爾呼吸困難外，並未感到任何不適……在二萬一千呎上所過的那幾天，讓我們適應高海拔水土到一種可觀程度；先前是艱苦奮鬥的工作，現在已相對輕易了。」是以索默威爾所感覺到的高海拔效應是越來越少，而非越來越多。其他人的經驗也支持了他的敘述。於是，我們便有證據證明：人至少可以適應二萬三千呎的高度。

這種體格上對於高海拔地區的適應，給了索默威爾體力，使他能不靠氧氣便登高到二萬七千呎。他的經驗以及其他人的驗證，都說明高海拔水土適應過程很快，而且可以持續到很高的高度。水土適應在高海拔地區是可能而快速的。

此外，我們可以注意到：這種水土適應的過程，不僅作用在肉體上，同時也發生在心智上。當外在情況不斷變化，身體不經心智的覺察便能透過一些奧秘的過程自動調適過來。血球的數量增加了，無疑還發生了其他方面的改變。而心智也會自我調適。當登山者和挑伕首度向北坳爬上去時，他們心中並不確定爬上二萬三千呎的北坳後，是否還有多餘能量繼續往上爬。一旦爬上了那個高度，他們心中對於成就的標準卻提高了。最後他們已經不太把二萬三千呎當一回事。挑伕們不斷上下來回走著；諾爾在那兒連續睡了三個晚上。馬洛里與索默威爾、芬奇與布魯士則睡在更高的地方。當探險團出發時，二萬一千呎的營區被視為各種工作運作的基地；等探險團回來後，團員已將二萬三千呎的北坳當作出發點。他們在心智上已提升了成就的尺度，並一如他們的身體，已習慣於更高的海拔。

但探險團曾否獲得二萬三千呎**以上**水土適應的證明呢？不多。每位登山者都只從二萬三千呎往上爬過一次。但挑伕們曾二度登抵二萬五千五百呎的營區。第一次派他們到那麼高的地方時困難不小，但第二次他們就很自然地爬上去了。芬奇和喬佛瑞．布魯士在那兒的時候情況可能很狼狽，所以在二萬三千呎的諾爾便召來一、二名挑伕，吩咐道「將這幾支保溫瓶送上去給芬奇大人」，他們便上路了。風很嚇人，而且很可能在他們回來前就會入夜，但他們還是安然交付了東西，順利完成任務。那個高度比起人類在那一年之前所曾達到者，高出一千呎。

這些經驗使索默威爾認為，在聖母峰的峰頂以下沒有任何水平線會是水土適應理論上的極限。他預言，人既能在二萬三千呎適應過來，便能登上峰頂。他因此相信人可以不用氧氣便到達山巔。他認為，必定有許多人可以全靠自己的體力，不藉外力支援就爬上聖母峰峰頂，只要在二萬一千呎處待上幾天，讓身體自動調整一番。「如果有一夥人被允許生活在相應於第三營（二萬一千呎）的高度兩個星期左右，時而遠足到二萬三千或二萬四千呎處，那麼我不懷疑，從體力的觀點看來，他們足可爬上聖母峰，如果天氣好、風也不吹得太猛的話。」因此他預言：「要登上聖母峰峰頂，最有可能成功的方式便是：送出九至十名能夠待在高地營區的登山者，讓他們完全適應水土，然後編成一系列探險隊，每次三人左右，在天氣狀況允許的時段內持續嘗試。」

這樣的結論未曾付諸實行真是萬分可惜。筆者本人把自己歸於應受責備的行列，自認應對第三次探險籌備失策負責。然而高海拔水土適應的觀念，甚至到了今天也尚未被人完全接受。在一九二三年，人們仍固守著這種觀念：氧氣是少不了的，而索默威爾本人也應為此負擔部分責任，因為他曾經那麼具有說服力地勸誘聖母峰委員會為一九二二年的探險隊配備氧氣。因此第三次探險也被配備了氧氣，就如同第二次探險。

事實是：我們尚未充分認知人類還是一個非常年輕的族類——存在尚未超過五十萬年。我們仍處在探測與證明自己能力的階段。我們尚未將自己所處的這顆小小星球踏遍，看看我們能做什麼、能往哪兒去。目前，我們覺得很難爬上聖母峰峰頂，在這第一回嘗試中不斷跌跌撞撞。但我們還不知道自己的能力有多大，也不知自己該向那些勇於體驗、認知其翅膀或腿足的雛鳥及幼獸虛心學習。

如果說這次——以及下次——探險中，有一件事實的重要性高於其他，那就是：人的能力還有待開發與養成；如果你操練它，它就會擴張。我們有充分理由對自己更具信心。

第十六章

氧氣的使用

氧氣的使用有某種藉口。人類有多少能耐登高至二萬五千呎的高度？在一九二二年時，我們對此所知甚少，因此，當有氧氣可用而不去使用，或許後來會被證明是很愚蠢的行為。然而，氧氣使用的結果卻形成聖母峰探險行動的障礙。在第一次用氧登山中，除了索默威爾之外，芬奇是主要的倡議者。悲劇卻在於：這麼傑出的登山家，俱足經驗與技巧、絕對不可征服的意志，以及想藉由登上聖母峰贏得榮耀的企圖心，很可能會是不用氧氣就登上聖母峰的那個人。將他導入歧途的，是科學界人士在聖母峰探險行動開始之前所持的信念：人不可能生存於極高海拔地區的稀薄空氣中。因此，身為一位科學人，不使用氧氣對他而言似乎很愚蠢。有了氧氣，如果能找到攜帶上山的手段，便將確定能夠登峰造極了。同時，不用氧氣似乎確定到不了山巔。我們想一舉攀頂，於是明擺在眼前的方策便是贊成使用氧氣。這就是他的思維路線。他是位科學家，他會去應用他的科學，他會去使用氧氣。而且依照他的性格，一旦立意使用氧氣，就不會對這個想法有所遲疑，即使事實證明人類可以在二萬三千呎的海拔上迅速適應過來。

探險結果教給他的，不是水土適應的價值，而是氧氣的價值。他比較了先後兩次的高度攀登——一次是五月二十二日的無氧行動，一次是五月二十七日的有氧行動，然後持著比較的結果加強自己的主張。他說：「經過六個鐘頭以上的攀爬，馬洛里、諾頓和索默威爾到達了海拔二六九八五呎，所以自從他們離開高地營區以來，已經做了一九八五呎的垂直上升，速度每小時三百三十呎。他們返身折回的地點……以水平距離而言，大約離山頂一又八分之一哩；垂直距離則在山頂下二千呎。下午二時三十分，他們開始循著原先上行的路往回走，四點回到高地營區，因此他們下坡的速率是每小時一千三百二十呎。四點過後不久，他們在摩斯海德的陪伴下踏上返回北坳的行程，晚間十一點三十分到達北坳；下行速率每小時二百七十呎。」然後他描述在次日一早遇見他們的時候，也就是他們走回第三營區時的狀況：「顯然到了體力耗竭的最後階段。」

他拿自己的用氧登山經驗與此相較：五月二十七日早上六點，在兩夜一天沒有休息並遭受尖銳飢餓之苦的情況下，他和喬佛瑞・布魯士從他們的二萬五千五百呎營區出發，滿懷攀頂成功的希望。半小時後，泰吉比倒地不起。在二萬六千五百呎他們轉而走上聖母峰的山面，在一個半小時內從營區爬升一千呎，也就是說，儘管各自負重超過四十磅，仍有每小時九百呎的上升速率。從這裡開始，他們垂直上升不多，但穩定而持續地接近峰頂。他們最後折返的地點距離峰頂的水平距離不到半哩，垂直距離大約一千七百呎。他們所達到的垂直高度僅比無氧隊高了三百呎，但他們與峰頂的距離比無氧隊接近了兩倍。

總結這兩次登高的結果，他說：「第一隊在海拔二萬五千呎處紮營，住了一夜，最後到達的地方海拔二六九八五呎，距離峰頂一又八分之一哩，未稍停留就回到北坳。第二隊在二萬五千五百呎海拔處紮營，在那兒過了兩夜又近乎兩天，最後到達的地方標高二萬七千三百呎，距離峰頂不及半哩，回程沒有休息直奔第三營。」他並堅定聲明：「用氧隊所經歷到的天氣遠較第一隊所經歷者惡劣。」

因此他結論道：「『人工供氧在負重上的不利，抵不過其產生的利益』，這種論調並無理由，該被揚棄了。」於是他假設：如果再有任何攀登聖母峰的嘗試，氧氣設備將構成登山者最重要的一項裝備。

所有這一切或許完全正確。登山者使用氧氣便確定可以登上聖母峰峰頂，如果他們能找到足夠的挑伕，不僅背負帳篷和補給品，還運送氧氣筒，並且，氧氣設備到了極高海拔也都不出差錯。還有，如果不用氧氣就沒有絲毫的機會爬上去，那麼氧氣的的確確是該採用。但重點在於：一九二二年的探險活動已經顯示：不用氧氣也有機會到達山巔；再將整個情況——挑伕的缺乏、氧氣器材的缺陷等等——納入考量後，用不用氧氣在成功機率上已無多少差別。況且攀登聖母峰這件超凡的絕技，不用氧氣去成就將比使用氧氣有價值得多。對於科學界的人而言，那會是人體適應能力的實證。而不用氧登山，所帶給一般人的精神上的滿足，是用氧登山永遠無法比擬的。

若說一九二二年探險活動的經驗的確顯示出什麼的話，那就是：聖母峰可以用氧攀登，也可以不用氧攀登，但若在這兩個方法之間游移不定則無法攀登。這兩種方法必須選定一種才行。登山者不能一心二用；在攀登過程中，他必須專心致志。他的計畫必須很單純。

再者，有兩種考量與「用氧說」大為衝突。第一點：真正實用的供氧器材尚未被發明出來。第二點，也是最重要的一點：攜帶氧氣筒和供氧器材上山必須雇用許多挑伕，而他們原應被雇用來為登山者搬運帳篷和補給品。挑伕的數量並不是無限的。如果一種方法比另一種方法需要較少的挑伕，便應考慮優先採用。

或許會有一隊致力於用氧登山實地教學的熱心科學家前往聖母峰，一路口銜氧氣管、身背笨重累贅的供氧器材上山，終於坐上了巔峰，在那兒吸著氧氣。但如果有人想知道他憑己力能做到多少，那麼便應自己來一趟。他或許會為了醫療目的攜帶一瓶氧氣筒，正如他也可能帶一瓶白蘭地，但他不會依賴它。他靠的是自己，而到目前為止，所有的經驗皆顯示：他有足夠的適應力可資憑藉。

這次探險結束時，索默威爾說他「在二萬七千呎高時，覺得情況非常好」。挑伕既曾將重物帶到二萬五千和二萬五千五百呎，便很有希望誘使他們至少帶一頂小帳篷到二萬七千呎。如果那有可能做到，那麼兩名起步時「情況非常好」的登山者便應能夠不帶氧氣爬完那剩下的二千呎。如果這有可能做到，其結果當遠比氧氣輔助下的成果更令人歡喜、滿足，並更能激勵人心。它將顯示出：單單高海拔效應不必然會攔阻人類去爬世界上任何其他山峰。

「擁氧人士」很有理由主張：如果上次探險集中於用氧登山——而且僅僅集中於此策略——應該就已攀頂成功了。或許真的如此。但，果真如此的話，我們就錯失了「人可以適應高海拔水土」這一項可貴的發現。我們將一直不知道人類竭力一拚時，能夠擴張極限到什麼程度。而且攀登高山時，我們將越來越倚賴外在刺激品，而棄置自己本有的能量不用。我們可能永遠不會知道我們有那麼大的潛力。科學界的一個分支容或贏得了成功，但全人類將失去一次瞭解自己的機會。

然而，這些功課是我們尚未從一九二二年的探險學會的，得通過第三次探險來教導。我們還在「相信自己」還是「相信氧氣」之間游移。我們太過倚仗物理與化學所能為者，而太不看重自己能為自己做的事情。所以下一次探險仍將有氧氣供應。

不過，正如我們將看到的：那是一次災難性錯誤。它將出擊的計畫複雜化，而登山計畫高於一切必要的必要則是「盡可能簡單」。況且那麼一來，本可更有效使用於運送帳篷和食物的挑伕員額也被削減了。

然而，這不過是事後的聰明罷了。在這當兒，不用氧氣似乎很笨，至少也要備用才行。直到現在，或許還有氧氣熱心人士會鼓吹氧氣的使用呢！

第十七章 其他結論

北坳以上必須有第二個營帳（一個大約在二萬五千呎，另一個大約在二萬七千呎），以便不用氧的攀登能夠成功——這是探險獲致的結論。在山上，前進必然是很緩慢的，無論那些登山家多有效率，也無論他們多麼適應當地的水土，每移動一步都得喘好幾口氣。他們必須留意精簡努力，維持平衡，保持精神抖擻，並讓動作具有韻律性。即使這麼小心經營，我們還是不能盼望他們在最後那二千呎上，速率超過每小時三百呎。在這麼高的海拔，一大早出發幾乎是不可能的。而到達峰頂後，他們必須讓自己有時間下來，可能的話最好回到北坳營。下行速率可能會是上行的三倍，但須準備四至五個小時以供下行使用。所以，攀頂一搏的出發點必須盡可能接近二萬七千呎。而這意味著什麼，任何曾經從喀什米爾望見二萬六千六百呎高的南迦帕巴達峰（Nanga Parbat）的人都會瞭解。那麼就必須找到挑伕，將應用物品帶到那巨大的高度上，登山者才有可能從那兒上達山巔。這就是結論。

從這次經驗習得的另一課是：登山者必須不可太老——不可超過四十，而應盡可能接近三十。如果太老，就不能很快適應水土。這是一項很有價值的經驗，因為以前並不知道什麼年齡層比較好——老一點或年輕一點。情況必定曾是這樣：老一點的，更沉穩，更有歷練，便更能受得住操勞。但無論他們多能吃苦，就是適應不了高山環境，不能在高海拔的新情況中迅速調適過來。結果，在極高海拔上的登山能力就不如較年輕者。

另一方面，如果登山者太年輕，則雖然可能較快適應高海拔環境，卻可能因身體過勞而崩潰；他可能沒有那樣的耐力。三十歲上下，似乎是攀登聖母峰最理想的年齡。

而且，他必須是個子高、腰身短、四肢長那一型，也就是說，他本身沒有多少重量需要攜帶，而有一雙長腿可以撐起身體。

良好的肺功能顯然是必要的。馬洛里和芬奇都表示：在高處，必須做深、長而且強力的呼吸。另一方面，索默威爾卻發現：快速而短促的呼吸最適合他。下斷論還嫌太早。每個人都必須仔細研究自己，然後採取對自己最有利的方法。但無論做深長或短促的呼吸，強健的肺部都是必不可少的。

登山者只要能夠平穩地向上跋涉，就會有不錯的速率，但如果必須致力於較不尋常的努力，則行進將因精力分散而大受影響。煮頓飯、穿上靴子、走出帳篷去繫緊拉索——甚至上床——都可能把他們弄得很狼狽。能找到人做好這些事情，避免他們為此分心，是極為需要的安排。

另一項顯然少不了的安排，當是一支奧援隊伍。第一梯次探險團便因缺少這項安排而蒙受很可怕的痛苦。做出極大努力的人必須能夠覺得：當他們身處困頓時，有人在後面準備好前來支援他們，至少，在那最偉大的日子，在從事了此生不太可能再度從事的工作回來後，會有頓熱食等著他們。

談到聖母峰探險可能遭遇的障礙與危險，現在大家都已公認聖母峰——以英國登山協會的語彙來說——是「一座平易的岩峰」。其北壁凸出的岩板，特別是積載了雪的時候，固屬險惡，必須小心應付，但並不構成超越不了的屏障。而且最後尚未被爬過的半哩，並沒有什麼障礙在那兒；它就站立在人們上山的路徑上。

山本身不是障礙。攔阻進程的是天氣——可怕的風，以及那酷寒，那雪。酷寒能以溫暖的衣物抵禦，但索默威爾提出一項警告說，在水土適應的過程中，已經適應的人會更容易罹患凍瘡。因此未來的探險應針對這一點預作防範。

關於雪的危險，探險團曾有過的可怕經驗將對未來的探險具有警示作用，此處不擬贅述。

風的危險不及雪的危險，卻是較為持續的阻礙。這些狂暴的風是那麼頻繁，以致登山者做出這個結論：必須將狂風怒號當作是那兒的正常狀態。它們肆虐到極端險惡的程度時，移動是不可能的，但考慮到登高能合理進行的時間是那麼短暫，登山者實在等不起無風的日子。無論有沒有颳風，都必須往上爬，除非颳的是颶風。但如果要這麼做，他們就必須為自己、為挑伕準備適當衣服——越不透風越好，並供應同樣不會被風雪穿透的帳篷。凡是不像鋼鐵那般堅硬的物質，都無法真正頂得住聖母峰山上的風。但還有其他具有不同可透性的物質，現在就是要選出最不可穿透而又可以穿在身上、可以攜帶的物質。

這些都是有待取得的可貴經驗，而如果下一次探險能夠從中受益，成功的可能性將大為提高。

第十八章

第三次出征

第三支探險團現在必須組織起來了。第三度，許可書必須向西藏政府取得，資金必須籌措，登山隊必須組成，補給品與設備必須在英國張羅，負重部隊必須在印度徵召。

但這一次可用的時間較多，因為聖母峰委員會已決定不在緊接著的那一年派出探險團，而將等到一九二四年。在委員會中，主任委員也換人了。現在輪到英國登山協會的主席擔任主委，而英國登山協會的主席恰好是布魯士將軍本人。因此他可以將委員會主委和探險團團長二項職責集於一身。那是各方樂見的結合。

由誰來擔任親自帶隊上山的副團長一職則比較難決定。經驗顯示，登山的人員年紀不可太大，因此，史楚特上校將不克勝任。而可能在緊急狀況中取代布魯士將軍的這位副團長必須瞭解印度，並要有和亞洲人打交道的經驗。諾頓上校如果能夠羅致，則是不做第二想的人選。他年紀尚輕，可以登山，並能說與都斯坦語，也懂得如何掌握印度山民。再者，他身為砲兵中隊的指揮官及參謀，在組織與領導上有很多經驗。但自從第二次聖母峰探險以來，他一直被派任達達尼爾軍團擔任參謀，一時之間他能否入團還是個問題。然而，麻煩終告解除；英國軍事當局果然對於委員會的勸說從善如流，於是，諾頓加入了探險團。

馬洛里則是個較為敏感的問題。他的入團是委員會最高度的渴望，但是，再去請他入團，對他公平嗎？如果他被邀請了，他不能完全拒絕。委員會邀請他，實質上就是強迫他；委員會能這麼做嗎？他是個有家室的人，而且也參加過前兩次探險，在後面這一次探險中還曾兩度遭遇嚴重意外，其中一次有七人罹難。他已經演完了他的戲分，而且演得很高貴。委員會有任何道理要求他奉獻更多嗎？就另一方面而言，如果他——這位曾經耐得住那些酷寒艱苦日子的人——**未獲邀請**，會不會深深感到被冒犯呢？如果他被略過，對他而言難道不是殘酷的侮辱嗎？那是個很難做決定的節骨眼，於是，委員會伸出了一些敏銳的觸角，好弄清楚他的意向如何。結果很令委員會滿意：他衷心願意出馬。邀請函便發出去了，他也接受了；委員會如釋重負，欣喜萬分。

同樣令大家歡喜的是：索默威爾也將加入探險團。他既擁有外科醫師的技術，又曾在大戰中獲取很多經驗，加上他那普受歡迎的個性，很可以在英國執業一展鴻圖。而且在英國，他還可以擁有更為志同道合的社交圈，以發揮他在音樂與繪畫方面的才華。但他聽見一股召喚，要他以外科技術去服務印度人民，因此他加入了南印度的一支醫療隊。所以他就在附近了，很容易到喜馬拉雅山區待上四、五個月，參加另一次登峰造極的嘗試。

喬佛瑞．布魯士是另一位可以入團的老手。到目前為止，他還不曾在登山技藝方面受過多少訓練。但他去了瑞士，學到了不少僅能從阿爾卑斯登山專家那兒學到的東西。

在新人當中，最有價值的增員是歐岱爾（N. E. Odell）先生。他是位地理學家，前次探險曾被邀請，但儘管探險隊極需要他，他卻為職業所羈，未能參加，但是現在他獲得自由，可以前往聖母峰了。他還在波斯，但再過幾個月就可以到印度去。他是很漂亮出眾的那一型，身材很好，線條幾近完美。他在阿爾卑斯山登山技術上很有心得，並從內在發散出平靜、穩健的氣質和堅定的決心。我們會對這樣的人寄予厚望，而他絕非外表與實質不符以致會讓人失望的那種人。

班特利．比譚（Bentley Beetham）則屬另一種天性。他並不完全像馬洛里那樣心中燃燒著一團烈火，但他總是恆常沸騰、迸發、洋溢著激情與熱誠——只有上噸磚塊才繫得住他；一百九十磅還嫌不夠重。他也是經驗豐富的登山家，曾在阿爾卑斯山有過很好的登山成績。他的職業是中學教師。學校應該慶幸阿爾卑斯山距離不遠，因為他可藉此發散掉許多奔放的蒸汽。

第三位登山隊的新成員是哈熱德（Hazard）。他的職業是工程師，也曾有亮麗的登山紀錄，因為曾在印度服兵役，擔任掃雷工兵，故多少知道去印度的必備條件。

最後一位新成員是安德魯・厄文（Andrew Irvine）。他只有二十二歲，並不具備那極為需要的阿爾卑斯山登山訓練。但龍史塔夫與歐岱爾曾見過他在一九二三年「牛津史匹茲卑爾根探險活動」（Oxford Spitxbergen expedition）的表現，故極力推薦他入團。他曾兩度參加牛津的划船比賽，因此必然擁有極佳的體力，但對於攀登聖母峰而言，他或許太粗壯了些，不像歐岱爾的身量那麼理想。他的年輕或許也不利於他——但在這一點上，沒有人能提出權威性見解，因為最理想的年齡區間尚無人知道，像他這麼年輕的人水土適應會快些，但另一方面，他的身體可能太年輕以致承受不住艱苦。

或許他沒有別人的登山經驗，也或許他的年輕對他不利，但可以確定的是：他的性格與心智對探險而言都有令人讚賞的適宜性。在這一點上，他的表現有目共睹。他會全然融入一次探險，使其持續運作，全心全意認同於其中，並自然而習慣地做有助於探險團的事——全然罔顧自己的特定利益，一心一意專注於冒險事業的成功。他也是個心智敏捷的人，頭腦很清楚，還對機械設計很有天分。他仍是牛津大學的學生，但入團的條件是那麼好，又有那麼多項受人肯定的能力，委員會遂毫不遲疑地進行這項「實驗」——讓他入團。

在印度，尚有其他人會入團成為重要成員。探險團中還需要具有印度經驗的人負責管理往回於山腳與基地營之間的挑伕。陸軍上尉摩里斯曾在上一次探險中擔任此職，但此次無法前來。這個空缺將由印度林務部的雪畢爾（Shebbeare）擔任。他深深瞭解這些山民，並具有指揮他們的高明手腕。

最後，探險團的醫療官及博物學家，是由印度醫療服務處的興斯頓（R. W. G. Hingston）上校獲選入團。他並非嚴格定義下的登山家，他在團中的職務也非登山，但他曾在帕米爾高原——「世界的屋頂」——旅行，因此熟悉西藏的一般狀況，因為這兩個山區之間有許多相似性。此外，身為印度醫療服務處的軍官，他對於和亞洲人打交道相當嫻熟。眾人也知道他是個愉快的伴侶，還是個熱心求知的博物學家。因此，他很有希望成為沃勒斯頓和龍史塔夫成功的繼任者。

這些人員齊集後，第三次聖母峰探險團便組織完成了。可是財務方面如何呢？這是個令人焦慮的問題，因為委員會必須想辦法籌到一萬英鎊，以挹注現有資金。這件事被陸軍上尉諾爾的企業精神解決了。諾爾雖非登山者，卻一直是聖母峰登山行動最熱心的關照者。他提出以探險行動影片及相片發行權為探險團籌募資金的計畫，這使第三次探險行動得以遂行。他得到涅托佛德（Archibald Nettlefold）先生及其他人金錢上的支持。探險行動能夠持續進行，得特別歸功於這兩位。

第三度聖母峰探險已得到西藏政府許可，財務問題順利解決，團員的組合塵埃落定，那麼補給品和設備就要開始買辦、包裝、發送了。或許有人會認為，經過前面兩次探險的經驗，這件事就簡單了；但正如很多其他事情，一支探險團的組織與裝備從來就不曾達到完美境地。在探險終了，諾頓上校與團員坐下來，一起研提改進的建言以供來日參考。這三次探險經驗的總結有很多值得採記下來，或許此處正適宜做此記述。

諾頓強烈主張探險團團長應擁有團員取捨的最後決定權。他必須與他們生活在一起，工作在一起，對他們負責，因此，他應能在選定人員時做出最後的意見。

諾頓也認為，出征聖母峰的戰鬥計畫應於探險團出發前在英國擬定。這是個很有意思的觀點。或許有人會設想：擬定出擊聖母峰計畫的地方，西藏應該比英國適當。但諾頓所持的理由是：挑伕所負載器材的重量與體積規模，以及登山者在極高營區的食物封裝，大多要倚賴先行擬定的計畫。另一個理由是：西藏高原的四月天並不是融合各種矛盾觀點的好時機。換句話說，在一萬五千呎海拔上，在接近華氏零度的氣溫及號叫的勁風中，人的脾氣是很不好的。一九〇三年西藏特使團的團員也驗證了這一點。而在英國擬定計畫將遭遇的一個實際困難是：探險團中的重要團員可能都遠離英國；就以目前的情況為例，索默威爾正在南印度，歐岱爾在波斯，而喬佛瑞．布魯士在北印度。但藉由通信就可以做很多事情，而攻堅的大致方式也的確可以這樣安排。

諾頓進一步建議：裝備委員會的主席應該由登山隊的傑出人員擔任；他必須參加過前幾次探險，並應負責監督探險團各部門，敦促每位成員趕上進度，並使應用物品在交付運送前三、四個月就完全準備妥當，以便妥為檢驗。

帳篷似乎一直都令人滿意——懷恩帕（Whymper）帳篷及米德帳篷，以及輕便型米德帳篷皆然。諾頓本人則發明了一種非常有用而且方便的混合式帳篷，專供使用於橫越西藏高原及停駐基地營區。

他還有另一項建議。他說，團長應穿著「適度體面的外衣或套裝」。當我們憶起那些西藏官員都清一色穿著漂亮的中國絲織盛裝，而且大部分可能從未見過歐洲人，便能理解我方在正式場合多麼需要體面的穿著——至少團長應該如此。

他還建議探險團隨團攜帶一個藏書豐富的圖書庫。大部分的旅行人都會為諾頓這項意見背書。書籍可令人暫時遺忘探險途中的不舒適及不衛生而保持精神昂揚，這種價值是無法衡量的。同時，探索路途上閱讀的書往往不容易忘記：心智在那種非常時刻中，特別容易產生深刻的印象。

喬佛瑞．布魯士也在探險團的印度人員器材配備上提出許多建言。陸軍少校興斯頓則在醫療器材上發表意見，他對外科手術工具的供應表示肯定，但他也建議再做某些改變及增添；他並建議高地營區的器材應在英國就分箱包裝，並指出在那漸次增高的各營區，其器材箱中應包含哪些東西。索默威爾則就高地營區的登山設備發表觀點，包括米德帳篷、冰斧、繩索、冰爪、繩梯、睡袋、食物、簡易火爐、固體酒精、保溫瓶、科學儀器等。歐岱爾力主採用較輕的氧氣設備：如果可能的話，控制在十五磅之內，最多不超過二十磅。如果備用氧氣筒可以先丟置於山上，那麼登山者就不用帶著兩瓶以上的氧氣筒了。雪畢爾處理橫越西藏高原的運送問題，比譚則對食物的分送推介了一些做法。他說，高地營區情況特殊，有必要供應在倫敦做好送過來的袋裝食物，以省卻在西藏高原上烹製的麻煩。而在倫敦烹製以供連續多日食用的盒餐，應按序號A1、A2、A3—B1、B2、B3—C1、C2、C3等來製作，所有的A餐盒內容皆應相同，而與B不同；B餐盒與C餐盒不同；C餐盒又與D餐盒不同。它們應以A1、B1、C1、D1；A2、B2……的次序食用；因為藉著這個方法可以避免食物重複，從而避免胃口缺乏。他說，糖、奶、果醬和茶葉都消耗得很快。

所有這些鉅細靡遺的觀察，可以在諾頓上校為一九二四年探險所寫的備忘錄《搏鬥聖母峰》（*The Fight for Everest*）第六章「探險隊的組織」中找到。

但是到目前為止，器材供應中最重要的問題是氧氣設備的供應。氧氣該不該用呢？不幸，決議是要用——筆者也在贊成之列。其時，水土適應的課程尚未完全被習知。會議當時索默威爾不在倫敦，以致未能如同他在一九二二年力倡使用氧氣那樣，堅持主張信任人類水土適應的能力。氧氣的確使得人類能夠爬上二萬七千呎。它也可能是使人類爬上二萬九千呎的惟一手段。無論如何，或許最好是有所準備——大家如此議論著，於是，大量的氧氣筒以及那笨重、累贅的器材，便列為這次探險的供應品。

第十九章

大吉嶺到絨布冰河

布魯士和諾頓趕在大隊人馬之前先行前往印度，他們兩人於一九二四年二月十八日到達德里。當時的印度總司令，已故的勞林森大人，給予他們各種協助和鼓勵。他的先父曾任英國皇家地理學會主席，所以他對於探險具有熱切的興趣。他設法讓喬佛瑞·布魯士上尉順利加入探險團，並派了四名服役中的廓爾喀士官入團，供布魯士將軍差遣。

三月一日，探險團的核心在大吉嶺形成——布魯士將軍、諾頓、喬佛瑞·布魯士以及印度森林部的雪畢爾。雪畢爾是新人，「他具有工作不知厭倦的狂熱；對他而言，舒適與否毫不在考慮範圍內」，布魯士說。他將擔任運輸官，而在他的援助下，準備工作遂加速進行。前次探險七位挑伕的死難絲毫沒有造成障礙。眾多的山民，包括雪巴人、不丹人及其他族人，熙熙攘攘而來，迫不及待地想被錄用。有許多人是第三次前來。共來了三百人，獲雇用的有七十人。卡爾馬·保羅與他的助理嘉奧仁（Gyaljen）再度被採用為通譯。居住在錫金的害羞、溫馴的雷普恰（Lepchas）族很擅長於採集標本，因此他們當中有一位被指定專供博物學家興斯頓差遣。

不久，探險團其他成員便開始前來集合——索默威爾來自南印度，歐岱爾來自波斯，興斯頓來自巴格達，最後馬洛里、厄文、比譚和哈熱德也從英國趕過來了。這些人全聚集了，一起接受布魯士將軍快活明朗的領導；再一次，他在他的山民團團圍繞之下，面向崇高的喜馬拉雅山巔，如魚得水般自在。此時，諾爾則為了順利替探險行動拍下詳盡的紀錄片而進行各種安排。

三月二十五日，他們離開大吉嶺，意圖在五月一日就抵達聖母峰下方的基地營，以便能將整個五月分及一大部分六月用來往上攀登，在不受季節雨影響的情況下登上東絨布冰河，並進行最後的攻堅。

通常行經錫金時，很難得有機會看見那俯視錫金全境的美妙高峰。干城章嘉常常被較近的山脈遮住，或者，當登山者爬上一道可以看見它的山脊時，它卻又隱入迷霧中。但在這種情況下，布魯士仍經歷了難能可貴的一瞥。從卡瀑普隘道（Kapup Pass），他看見了整個干城章嘉峰。那山並非以冰冷尖銳的狀貌大剌剌瞪視著他，而是浸潤在那地區典型的神秘靄霧中——一種深紫羅蘭色的煙霞，使那硬繃繃的山有了靈氣。較低的坡段全被一抹藍色吞沒了，而積雪線以上部分似乎與任何塵世的基座斷了聯繫，倒像是浮在半空中般，布魯士說。

就是像這樣的景色，使得登山家甘受旅途的骯髒、不適與艱辛。一個身處群山之間，曾與它們激烈角力的人，比起那些僅在長距離外望著它們的人，更能欣賞它們的空靈之美。

在預計的時程內，探險團到達了帕里。就在這西藏高原的邊緣上，他們做著通行高原的準備。所有帳篷都被架起來檢查，補給品都被整理分類，探險團的成員都順從地由熱心人士興斯頓施予生理狀況檢查。布魯士則為了地方官「宗本」[1]收費過高而與他進行著一場大鬥法。就像大部分的西藏政府官員，這位宗本彬彬有禮，但他很軟弱，又貪得無厭，還不折不扣蒙受手下人掌控。以布魯士的話說，他手下那些人是一群殘酷野蠻並以此為樂的流氓；他們顯然是利用職位不擇手段大肆牟利。

但帕里可以和拉薩進行電報通訊，而目前通訊情形良好，並非處於斷訊狀況。布魯士得知拉薩給了宗本一封電報，命令他給予探險團各種協助，乃草擬了一封電報稿，對所受待遇多所抱怨，之後，他以此為武器，遂能在極正式的情況下與對方簽下一份合約。

於是探險團興致匆匆離開了帕里。但是，不久就遇上了很不幸的事。根據在帕里所做的生理狀況測驗，布魯士已經比他離開倫敦時好得多了，但行經隘道進入西藏本土時，探險團經歷了貫穿隘道的厲風，第二天一早，布魯士便因嚴重的瘧疾而病倒——嚴重到必須被送回錫金，只能無奈將探險團的指揮棒交給諾頓。

這對於布魯士而言是個重大的打擊，他多年來的最大心願就是攀登聖母峰，如果以他的年紀不能擔任實際登山者，那麼他至少能在基地營規畫攻堅的工作，並為那些鬥士加油打氣。如今，就在他將發揮極大用處時，卻被迫丟下他們不管。這對他來說的確非常難堪，而對探險團而言也是件嚴重的事情。組織的工作沒有他也可以做，而且也由別人做好了，結果與他能做到的不相上下。但沒有人能夠像布魯士那麼懂得鼓舞別人。布魯士是一座不停爆發出好興致的仁慈火山；他那鎮壓不住的好玩心性，再怎麼大的不幸都不能將它澆熄。這樣的特質在英國人之間就夠可貴了，若還包括當地土著，就更是十倍可貴。他能從基地營汩汩冒出歡樂氣氛，影響整個探險團。在這種探險行動當中，這樣的能力是極端有用的。

因此，諾頓從布魯士手中接過了指揮棒。從某方面說，這是有利之點，因為諾頓先前曾實際登過聖母峰，而這次可能將再度擔任登山者。這是布魯士沒有的優點。諾頓對於此地土著以及喜馬拉雅山區不若布魯士瞭解，但他還年輕，可以擔當登山的重任。

此外，諾頓和布魯士一樣，具有一種就探險團團員（特別是探險團領導人而言）無價的特質，那就是如同「國家第一」、「船先於個人」這種詞彙所彰顯的那種特質；以眼前的情況而言，或許可說成「峰頂第一」。諾頓可能曾以一位偉大極區探險家的立場——而非一個英國人的立場——與自己辯論；他可能曾這麼說：「探險團的重擔與責任都在我身上，因此，對我而言，這榮耀使我有權要求他人自我犧牲，讓我有較佳機會爬上峰頂。」這樣的主張裡，有某種公道與合理性存在。探險團的領導人的確肩扛重責大任。他將因探險的失敗承擔責難，也會為其成功接受讚揚。但諾頓所採的觀點是：讓探險團攀上峰頂是首要考量，至於誰登上去、誰享有那份榮耀則屬次要。他準備參與實際攀登行動，但他是否適宜參加最後衝刺，他將讓兩位最有能力的登山者，馬洛里與索默威爾，為他做出不偏不倚的判斷。

這種大公至正的精神給了探險團極大鼓舞。如果他反其道而行，要求團員為他的成就犧牲，他們無疑也會照做，但那麼一來，他們便很難像從事自己選擇想做的事那樣，保有極高度的熱誠。而馬洛里，這位曾連續三次參與探險行動、發現登上峰頂路徑、與探險團關係最深的人，如何看待此事呢？幸而有紀錄留存下來。在一封一九二四年四月十九日致聖母峰委員會某位委員的書信中，他寫道：

「我必須將諾頓在公文上不能說的話告訴你，那就是：他——我們這位團長很了不起。他知道整部『組織』（bandobast，譯按：印英語辭彙），從A到Z，他的眼睛看到一切，每個人都能接受他；他讓全團的人都覺得愉快；他總是充滿興致；在平易近人中，有其威嚴。他也是一位驚人的探險家——他極想跟不用氧那隊來一番衝刺；他告訴我（而我當作機密告訴你，因為我確定他不會去廣播）：當衝刺的時機到來，他一定會讓我和索默威爾商量，然後決定他是否適於擔任那項工作。應該帶上聖母峰的，不正是這種精神嗎？」

來自馬洛里的這番證辭特別有價值，因為馬洛里有可能對諾頓的領導起反感。馬洛里是聲望更高的登山家，並且自從這系列探險行動開始以來便一直參與其事。如果他認為現在擔任團長的人應該是他，不應是諾頓，那也是人之常情。此外，我們也必須對諾頓這項自我謙抑的行為加以注意，因為當他那麼做的時候，探險團團員都還相當確定他們可以一舉攀頂成功；馬洛里本人在同一封信中也說，他相信絕不用再來一次。他確信聖母峰將降伏在他們的首度出擊之下。因此，榮耀將落在第一組成員身上；很自然地大家都希望編在第一組。

現在，他們開始嚴肅考慮攻堅的計畫。他們在崗巴宗耽擱了四天，等待運送工具，於是利用這空檔將整個問題研究個鉅細靡遺。或許它看似相當簡單，但除了天氣多變外還有兩項因素讓它變得很複雜。第一個因素是，必須為用氧登山者與不用氧登山者各做一番安排；第二個因素是，在雇有挑伕的攻堅區段上，登山人員中必須有會說興都斯坦語或尼泊爾語者。

早在聖誕節，諾頓就擬妥了一份計畫，在團員之間傳閱以便進一步討論。馬洛里對其中某些方面未予同意。在大吉嶺和帕里，諾頓、馬洛里、索默威爾和喬佛瑞・布魯士曾舉行過多次討論，但甚至如今到了崗巴宗，協議仍未達成。直到四月十七日，他們抵達亭吉宗（Tinki Dzong）之後，才有一份受到所有成員認可的計畫被構思出來。原始提案人馬洛里將它敘述如下：

(a) A和B帶著大約十五名挑伕從北坳上的第四營出發，在海拔大約二萬五千五百呎處建立第五營，然後下山。

(b) 不用氧登峰者C和D帶著另十五名挑伕上行到第五營，其中七名背綑包。這七名挑伕將綑包放下後即下山，其他八名則在第五營過夜。

(c)C和D帶著這八名挑伕，於次日爬上海拔二萬七千三百呎處，建立第七營。

(d)用氧登峰的E和F，在(c)步驟開始的同一天，帶著十名挑伕從第四營出發，挑伕不背負任何綑包，直上第五營；從這個地點，E和F帶走先前的人放置於此的補給品和氧氣，上行約一千呎，在海拔二萬六千五百呎處建立第六營。

(e)然後，這兩組人在次日早晨出發，可望在峰頂會合。

依馬洛里的意見，這份計畫的主要優點在於：兩組人馬可以互相支援，而且，不用耗損候補的登山者便能建立營區，因為A和B將不必過度使力，而且挑伕也將不會在第六營建立後就潰散了。甚至如果第一度的嘗試失敗了，也還會有四名左右的登山者可做第二度攻堅，而且營區都為他們建好了。

這是經過長期討論後所能構思出來的最簡單計畫。甚至如此，也還不能隨意將哪位登山者排定為A，或B、C、D、E、F。必須講究的是，誰會說尼泊爾語，誰能安全地使用氧氣。但是，如果沒有想出一個比這還簡單的計畫，那麼用氧登山的缺點便顯然可見了：它使計畫益發複雜。

為了把人員安排在各個不同分隊中，使任務分配確保整個探險事業的成功，可憐的馬洛里本人受了很多苦。他認為不用氧登山那組將會有較佳的成績。長久以來，他所珍愛的小計畫就是與不用氧的登山組去攀登那座山，在北坳以上設兩個營地。現在，他要失望了，因為將隊伍做了必要的安排之後，他只得編入用氧登山的這一隊。早先他們就決定，兩個登山隊應分別由他與索默威爾各帶一隊。他被選在用氧這一隊，因為用氧隊被認為比較不那麼耗損體力，而且定位上是不用氧隊的支援隊伍，並將負責照顧下坡的事。索默威爾被選在不用氧這隊，因為就他去年的表現看來，他似乎較易恢復體力，可再度迎向挑戰。事情必須這麼安排，馬洛里感到失望，他以這個想法來安慰自己：征服聖母峰是主要考量，他自己的感覺在其次。無論如何，他的角色將會很有意思，而且可能帶給他登上山頂的最佳機會——他想。

諾頓與哈熱德將依體能狀況在時刻到來之際，由其中一人伴隨索默威爾攻上山頂；厄文則將伴隨馬洛里，因為他曾在修復氧氣設備時表現出非凡的機巧與勤奮。而歐岱爾與喬佛瑞．布魯士將負責建立第五營。比譚則或許不能用；他正害著赤痢，情況很糟糕，他們幾乎已決定將他送回去。

馬洛里被排入用氧隊既已成定局，他便全心全意投入用氧計畫中，就好似自始就是用氧登山的擁護者般。他背起供養器材，爬上附近的山岡，說服自己：那是「完全可以操控的負擔」。他決定盡量少帶鋼瓶，以便向前衝快一些，直攻山頂。

他的同伴也已確定為厄文，於是他刻意與他建立強固的伙伴關係，使兩人能夠有效而心甘情願地在一起工作。他們在一塊談話，一起外出，嘗試互相瞭解，以期緊張時刻到臨時，兩人能夠本能地互相配合。

探險團邊行經西藏高原邊擬定計畫時，全團都處在高度振奮的狀態。他們對成功有信心，也與原計畫的時程合拍。天氣很好，比一九二二年暖和。他們覺得自己是合格登山者結合起來的團體——以馬洛里的話來表達，是「一個真正結實的團隊」，也是「比一九二二年平衡了許多的團隊」。

由七十名壯漢組成的負重部隊也很精良。他們都是蒙古人種，不是不丹人，就是雪巴人——有些是住在大吉嶺或錫金的西藏人種雪巴人，有些是住在尼泊爾較高的谷地但同屬西藏人種的雪巴人。經驗顯示，某一種體型的人最適於登山；這七十人就是以那種原型為準被細心挑選出來的。也就是說，他們皆是身量較輕，多筋骨，並非粗重而多肉。他們都出自好人家，頭腦聰明，能忍受高海拔情況中的壓力。諾頓說，無論就個人或整體而言，他們都像極了英國士兵的兒童版；英軍的諸多優點他們都有。他們面對艱難危險的工作時，有同樣高昂的精神；聽聞戲謔和玩笑，有同樣機敏的反應。而且，一如在英國軍隊中，那些會喝酒的、會被花花世界的玩意兒引入歧途的粗魯傢伙，是恆久的厭物，但當情況「逆正道而行」時，往往較溫馴的人都放棄努力之後，他們還能夠一勁地拚命搏鬥。

在穿越西藏高原的路途上，他們皆不曾背負重物。他們要被留待上山後再賦予大任；為了維持最佳體況，他們一直做些輕微的運動，並被供應好的食物、衣服和帳篷。但並不是說攜帶重物對他們而言是多麼嚴重的事情，畢竟他們從小就習慣挑負水和穀物以供家用。

探險團一行人走過現廣為人知的那條通路，穿過西藏高原。他們沉浸在計畫中，對前景的展望使他們喜不自勝，惟一遺憾的是他們那位開朗活潑的團長未能同行。那些個早晨大多陽光燦爛，平靜無風，他們於是在七點左右露天吃早餐，同時大帳篷被拆卸打包，由兩隻快驢先行載往下一站。到了七點半或八點，整個探險團便列隊前進；登山者會乘騎半程，因為一九二二年的經驗顯示登山者有必要為後頭的工作保留精力。大約十一點三十分，他們就選擇個避風處，三人或兩人成排坐下——到了那時候，風免不了吹了起來；他們坐下來，吃些餅乾、乳酪、巧克力和葡萄乾等構成的簡便午餐。

到了兩點鐘，他們通常已經到達新營地——雖然偶爾會遲至七點才抵達。新營地的大帳篷會先紮起，一頓更扎實的午餐和茶也會先行備妥。很快地，帳篷和行李也將陸陸續續到達。晚餐會在大約七點半供應。到了八點半，他們將上床就寢；在夜間，溫度計通常掉到華氏十度。

他們在四月二十三日到達協格爾。宗本騎馬出來會見探險團，非常禮貌地和他們打招呼，並允諾在他能力範圍內給予各項協助。他果然實踐諾言，兩天內就備妥了精神抖擻的運輸隊。他是個直爽而有效率的紳士，諾頓覺得和他打交道很是愉悅，也發現他在自己的衙門裡能夠完全作主。由於不小心，運輸費用的計算發生了錯誤——那項錯誤對英方有利。但當諾頓指出錯誤，宗本卻拒絕回頭重算。於是英方對這位慷慨的官人致贈了許多大方而貴重的禮品；但諾頓隨後得知他真正想要的只是一把便宜的露營用椅子，以及一副雪地護目鏡。護目鏡可以馬上給，但當時沒有多餘露營椅可以送人，於是諾頓後來從大吉嶺送了一把過去。

四月二十六日，探險團越過龐格拉（Pang La），其高度接近一萬八千呎；從它上方的一座小小山丘，諾頓望見了偉大喜馬拉雅山脈壯麗的景色，而聖母峰本身就在他的正對面，與他相距不過三十五哩。在他左手邊，是馬卡魯峰和干城章嘉峰，右邊是格重康峰、卓奧友峰和希夏邦馬峰[2]。所以全世界最高的山就矗立在他面前，還有好幾座幾乎與它同高的山；他必然已把那條山脈連綿看了二百哩。據他觀察，他所見的壯麗山景中並沒有什麼遺漏的；每座巨峰與其鄰座之間皆有空間存在，而且沒有一座被另一座比矮了下去；每一座都率領一系列次要山峰，從地平線的一點到另一點，呈現鋸齒狀線條。在這些山上，除了太過陡峭的岩壁外，二萬呎以上皆覆蓋著冰雪，但有一處例外：由於西北風不斷吹襲，造成山上岩塊坡度詭奇，聖母峰整個錐體的北壁上下六千呎之間幾乎沒有半點雪。

登山者們在想像中經由每一條想得出來的通路爬上聖母峰。他們敲定一條，然後又揣想著如何爬上馬卡魯峰，但他們在那兒被打敗了。即使在想像中，他們也無法爬上它。必須再經過許多年，馬卡魯峰才會被認為是喜馬拉雅群峰中可以爬上去的一座[3]。

四月二十八日，他們通過那醜陋荒蕪的鄉間——在那兒，山頭就如同褐色土丘，峽谷谷底則被呈線條狀排列、如同堤防似的冰河積石鑲了邊；越過這些堤防就是聖母峰的領域了；他們就在絨布僧院的正對面紮營。次日他們又走了四哩上坡路，到達舊日的基地營。

他們的進度合於原訂時間表——事實上是早於時間表兩天。因為每件事物先前都經過縝密的安排，所以他們可以不稍耽擱便著手工作。將近三百頭牛所馱負的食物箱、鋪蓋捲及各種各樣庫存物，被一股腦兒卸下來，然後很快地分類妥當，有次序地排成列或放置成堆。箱子和綑包持續穩定地卸下，每只箱子都被貼上合宜的標籤，表示出批號。協格爾宗本幹練的衙門特地為此挑選出來的本地西藏壯丁，即將從次日開始，將這些東西扛在肩上，送到東絨布冰河上方的第一營區。

【注釋】

1 宗本（Dzongpen）：一個地區（宗）的總督，以前稱宗堆。——審注

2 希夏邦馬峰（Gosainthan）：以前稱高僧贊峰。——審注

3 馬卡魯峰標高八四六三公尺，世界第五高峰，一九五五年由法蘭柯（J. Franco）率領的法國登山隊首登成功。——編注

第二十章

上溯冰河

到目前為止，一切都好——再過去則不然。所有能事先想到並預作安排的都安排妥當了。現在，**大自然**開始發威了。探險團一到達基地營，雪就摜了下來，擋住周遭景物，在人四周打轉，用刺骨寒氣攻擊他們，戰鬥的序幕便如此展開。全團人員以全副禦寒裝備迎敵：他們將自己包裹在全套羊毛防風工作服中，戴上垂耳帽和連指長手套，全身上下只露出眼睛。就這樣，他們不停地工作，直至薄暮；到了那時候，他們已準備好在次日——四月三十日——發送一百五十名挑伕上山。

諾頓的計畫是：在五月十七日做首次攻堅。但如要那樣做，還得備妥許多事先的安排。冰河上的第一、第二營和第三營必須建立起來並存入應用物品。通往北坳的路徑必須由一隊登山專家重新探勘，因為一九二二年迄今它必然有所改變，有可能比當時查證的情況來得危險。接著，必須建立起第四營，存放補給品和氧氣——不僅供第四營本身應用，還要供更高的營地使用。然後約在二萬五千五百呎高的第五營也同樣必須建立起來，並存入補給品。最後，二萬六千五百呎的第六營，以及二萬七千二百呎的第七營也一樣。在採取實際行動之前，所有這一切必須先做好。

而在完成這一切工作的過程中，所有工作人員將必須與「高海拔憂鬱」對抗。那種精神上的抑鬱現象起自一萬六千呎左右；它使工作成為一項負擔，那是除了寒凍及風雪之外，他們必須對抗的事物。基地營位於一萬六千八百呎左右，憂鬱現象在那兒已經開始。即使花最少力氣的事情，例如鑽入睡袋或穿上靴子，都會弄得筋疲力竭，甚至點個菸管都是番大事業，因為吸菸者的一口氣差不多會在火柴熄滅時停止，所以菸管也在吸菸者吸入第二口氣前熄滅了。基地營以上每一路段都是節節高升，憂鬱及耗竭感也隨之越來越嚴重。諾頓承認，對他而言，首次到第一營的那段路程是一場痛苦的災殃。僅僅一把冰斧的重量就令他的右臂和肩膀疲累不堪，以致他以為必須去張羅一種較輕的工具。單單走路就是樁辛苦的工作；在那極度酷寒的空氣中，沒有任何事物令人開心，有的只是一種不確定的難受和苦惱感。

對於這樣的苦惱感，人可以「適應」到某種程度。儘管如此，他們的活動當中仍無活力可言。他們已經不像處在一萬六千呎以下的他們。就是在這麼一種令人沮喪的情況中，那些辛苦的準備工作必須完成。

這些工作中，最艱苦的部分自然落在那些挑伕身上；為了盡可能省下他們的勞動力，諾頓所招募的一百五十名西藏人被用在建立冰河上的最初兩個營區。酬勞的安排是：每日工資一先令，外加一些口糧。雇用條件是：他們不在雪或冰上工作，而且工作一完成就迅速撤退，以便重回田裡耕作。這些人並未期望有帳篷，露地野宿他們安之若素，即使在一萬八百呎高處。

再者，為了盡可能節約登山者，廓爾喀族的軍士被雇用來建造第一及第二營區。四月三十日，建造這些帳篷的工作開始了。西藏人當中，有男有女，還有小孩。綑包的平均重量大約四十磅。領導這些工作的喬佛瑞．布魯士盡量將最輕的綑包交給婦孺，他的努力卻白費了，因為他們的習俗與本國相反。西藏人分配綑包的方法比較簡單，也比較令他們自己滿意。他們皆在靴子上方繫著編織得很漂亮、色彩很鮮明的襪帶，每個人都能立刻認出自己的顏色。在分配綑包時，分配者負責向每一位挑伕收取一條襪帶，然後將所有襪帶混在一起，再一條條抽出來扔在綑包上，如此，襪帶的主人就會去認取落有他所擁有襪帶的綑包，毫無怨言。現在，喬佛瑞．布魯士改採這方法，西藏人背起綑包上路時便哼起了小曲兒、說起了笑話，因為這是他們的方法。

指揮補給品運送隊伍的三位廓爾喀軍士中，有兩位曾參與一九二二年的探險，因此在勘查第一營至第二營的路線時能夠獨當一面，不用登山者協助。他們每個人也都必須負責照應冰河上的一個營區，關照其中的飲食供應和營區中每一位留宿者的福利，並監督運送隊伍的到達和離開。

為前往絨布冰河而建造的第一營，位在一個靜謐宜人的隱居處。它坐落於東絨布冰河上，在絨布冰河主流與東絨布冰河交會口上方數百碼處。它捕獲了所有的陽光，而逃避了大部分的風。上一次探險所建的「桑噶斯」（sangars，堡壘）狀況還很好，將懷恩帕帳篷的門簾撐在上面，就有了舒適的遮蔽處了。

有七十五名西藏人從第一營被遣回基地營，另七十五名留下來建造第二營，在接下來兩天當中，他們都在從事這項工事，然後歡歡喜喜地回去。女人的表現尤其令人刮目相看。有一位將她兩歲的孩子放在她四十磅重綑包上，從一萬七千五百呎上行至一萬九千八百呎，在那兒卸下綑包後把孩子帶回來，而且表示如果情況需要，她還可以再走一趟。不過，回到基地營的七十五人當中，卻有五十二人無緣無故不見了人影，使得留下來的人工作負擔大增。儘管如此，到了五月二日，所有綑包都被送到了第二營，就在那天晚上，剩下的西藏挑伕全回到了基地營，吃了頓大餐，並得到些微額外的支付。他們在第二天成群結隊離開，每個人看起來都心滿意足。

再往後，探險團就必須靠自己了。他們下一個任務便是將第三營及山上營地所需的一切從第二營運過去。為了這項工作，將必須動用尼泊爾負重部隊。這支部隊被分成兩組，每組二十人，另外還有十二人保留在一邊候勤。第一組人員帶著補給品和設備到第三營並留守該處，準備到北坳建立一個營地。第二組人員遲一天離開基地營，移至第二營，然後在第二和第三營之間工作。後勤組則留在基地營，準備遞補傷亡者。

第一組於五月三日出發，由馬洛里領隊；除了挑伕之外，還包括兩對登山者。馬洛里與厄文將協助建立第三營，並在那兒待幾天，以適應高度，並試用氧氣設備。歐岱爾和哈熱德將從第三營繼續上行，從事探勘，並建設上達北坳的路徑。

第一組登山者與挑伕離開基地營那天，天氣酷寒，風捲重雲，令人畏懼。挑伕之中有半數腳步拖得很慢，因為他們在那已然沉重的綑包上又加上自己張羅的物品，如毯子等。結果，馬洛里留下不很急用的五個綑包，次日再用五名挑伕將它們取走。

他們在五月四日到達第二營。它看起來非常不討人喜歡。並無準備妥當的帳篷在那兒等待挑伕們，而原先的想法是要在那兒建立舒適的營房或桑噶斯，用懷恩帕帳篷的門簾當屋頂。這項工作現在必須做好。馬洛里和厄文及其他三、四人立即動工。其他人休息過後也加入工作；他們建好了一座大約七呎寬的長方形桑噶斯，然後馬洛里和歐岱爾就順著冰河往上走，去探查導向第三營的路徑。他們爬上一座圓丘，從那兒可以看到整條冰河向南升起；最後他們找到一條單純路徑——它沿著一條石質狹窄山溝，穿過那些奇幻的高大冰錐群；冰河便在此融入冰錐群中。

五月四日的夜晚是令人顫慄的——酷寒、暴戾的風中夾帶大量的雪。隔天早上，一干人花了好一段時間才走出帳篷，開始炊煮。接著還有綑包運送的問題——什麼口糧、什麼毯子和烹飪工具可以留在此地。最後，還得決定誰適合、誰不適合繼續上行。所以到了上午十一點才終於成行。

可是，前一個傍晚經過明確標示的上通冰河的路徑，如今卻被雪模糊掉了。原先看來一派天真無害的冰河，現在看起來可不是那樣。風把冰河較高處的表面吹開了；這些又滑又硬的圓形冰塊，幾乎如同玻璃般堅硬光滑，沒有半絲粗糙的刮痕。在那些突起的冰塊之間，則鋪著新降細雪。為了在冰中鑿出台階，或在雪中造出台階，就必須消耗許多勞動力。那條深約五十呎的山溝長度大約是那條路徑的三分之一，倒是很容易上行的一段路。但當他們爬上那無遮無掩的冰河時，便受到懷著惡意的大風猛烈吹襲；而且，當他們轉個角走上北峰時，風更從北坳向他們迎面襲來。

現在，挑伕們幾乎累垮了。他們嚴重感覺到高海拔效應，向上的每一步都是一陣痛苦。下午六點三十分，他們才到達第三營。那時天氣更冷了。因為天候太晚，他們無法建立一個舒服的營區，登山者和挑伕整個晚上都蒙受著很大的苦難。

馬洛里立刻認清：供第四營及更高處使用的高海拔睡袋也必須在此處使用，因為這裡的氣溫比他們曾經歷過的冷了許多。但那些睡袋都還在第二營，因此他決定次日早晨返回該營，將它們取來。

陽光很早就照射在第三營；大約七點，馬洛里就能夠動身了。他留下指令說，半數挑伕應向第二營走下去，至路程的四分之一與爬上來的挑伕相會，幫助他們將最重要的綑包帶上來。因為他白白花了些時間企圖尋找一條比較容易通向冰河的路，所以不幸沒能在第二組挑伕出發前遇見他們。要他們折返已經太遲，所以他就帶著他們走上第三營。根據原來計畫，他們應該將綑包送到第三營，然後返回第二營。然而，現在那已不可能了，因為他們負重過多——他們想在第三營過夜，多帶了些毯子。對於他們這項意願，馬洛里不得不潑以冷水，因為第三營的情況著實夠糟了。因此，他讓他們在盡量接近第三營處卸下綑包，保留精力返回第二營。馬洛里將他們遣回後自行爬上第三營，他自己的第一組人員已因寒冷與高海拔效應而士氣大損，他不願意第二組人員也癱瘓下來。

回到第三營後，他發現當他不在時事情並沒有多少進展。那三名登山者都是新人，尚未適應高海拔水土。他們和挑伕全都遭受寒冷和高海拔效應襲擊。挑伕中並無一人被認為適宜負重，因此沒有一位被派出去接應從第二營爬上來的人；甚至築牆的工事也沒有做多少。但歐岱爾和厄文下行至綑包卸留處取了些特別需要的上來，像普賴默斯牌便攜式汽化煤油爐（Primus stove）等。

五月六日那晚，氣溫降到華氏零下二十一度半〔攝氏零下二十九度七〕，也就是華氏冰點以下五十三度半。那是這幾次探險以來所經歷過最冷的氣溫；對於已然因二萬一千呎高海拔而感到抑鬱與虛弱的人，這樣的寒冷感受起來尤其尖銳。馬洛里本身在晚間保暖良好，但到了早晨連他都感到不適。歐岱爾和厄文的情況則顯然很不好。沒有一名挑伕適於背負綑包了，有好幾名情況糟糕到不適合繼續待在第三營。他們幾乎必須要被人拖著才能走出帳篷。其中一人幾已失去生命的火花；他的雙腳浮腫到不能穿襪子，而得直接套上靴子。他幾乎不能走路，必須由人扶持。最後那些病者被分成三組，每一組都用繩索綁在一塊。這些人在廓爾喀軍士的照料下，被送下山去。他們倦怠蹣跚地順著冰河下行，到了第二營時幾乎已經不成人樣。

同時，和同伴們比起來比較不那麼苦的哈熱德，連同幾位狀況最佳的，被派到綑包卸落地點，與第二組人員中狀況最好、能往上爬的幾個人相會。這次相會有效達成，並且又帶上七個綑包至第三營。但也就只是這樣了。再也無人有力氣將第三營打點得更舒適些。第一組人員的**士氣**，以馬洛里的話語陳述，是「去死了」。

這就是諾頓在五月七日抵達第二營時所遭遇的狀況，他立刻認真地試圖加以振作。所有本來要供較高營區使用的補給品和帳篷，都被毫不保留地打開，分配給受苦受難的挑伕；高海拔帳篷被紮起來了，高海拔睡袋也分發出去，而那無價的固體酒精也被鑿開了；一夕之間，第二營的能量就增強一倍，某種程度的舒適產生出來了。五月八日那天，當馬洛里又從第三營下來，喬佛瑞．布魯士也從基地營上來，一份確切的計畫書便擬定了。他明智地決定讓第一組的病弱者留在第二營休息，而先前已和諾頓同來的索默威爾則因很受工作人員喜愛，並一直能夠讓他們做出最佳表現，而受命率領第二組人員空手上行至綑包卸落處，抄起充足的補給品和寢具至第三營，使它適於人居。如果第一組剩餘的人手能夠恢復體力，便可以憑藉第二營的供應撐住第三營。對當地人民及語言具有豐富知識的雪畢爾，被從基地營召至第二營。哈熱德則取代雪畢爾在基地營的職務，在那兒看管資金、燃料和肉類配給。諾頓就是這樣勇敢地努力阻擋那已然漲起的不幸浪潮。

喬佛瑞·布魯士也將保留的挑伕帶來了。他們因為尚未曾投入工作而能背負那些最重的綑包，他們的能量和熱誠也灌注到其他人心中了。所以，五月九日那天，諾頓、馬洛里、索默威爾和喬佛瑞·布魯士才能帶著二十六名挑伕出發前往第三營；他們帶著許多補給品，有些堆集在途中臨時處所，有些帶至第三營。

看起來，好似情況這會兒真的有所改善，實則不然。大自然還有更毒的招數沒使出來呢！這一組人馬離營未久，雪就落了下來，並隨著鐘點增加越下越大。風力也加強了。到了他們抵達第三營時，風和雪已強到足以構成暴風雪的程度。第三營呈現的是一幅荒蕪孤單的圖畫。雖然它坐落於該處惟一可能紮營的地點上，卻仍承受著一陣陣冰風的吹襲。沒有人在營外走動，看起來完全沒有生命的蹤跡。那可怕的暴風雪挾著最猛的威力，將留在營中的挑伕吹得肝膽盡失。他們在帳篷中縮成一團，許多人麻痺到不會想為自己煮東西來吃的地步，即使爐子和油已推進了帳篷。所幸來自候補人員中的八位壯士（從第二營背負綑包至第三營的那二十六位挑伕中，有些將綑包送至中途堆集處即被遣回，這八位則被喬佛瑞・布魯士繼續帶上第三營來）還能幫忙烹煮食物，使大家稍稍舒服些。但除此之外已無事可做，因為那猛烈的風使得帳篷外的活動幾無可能。匆匆用餐後，每個人都鑽進睡袋裡——至少那裡面還可尋得溫暖。

外頭，暴風雪整夜肆虐，不曾稍歇；輕飄飄的雪粉被吹進帳篷，落積在所有的東西上，厚達一至二吋。不舒服的感覺非常尖銳。身體只要稍稍移動，就會引起一場迷你雪崩；雪會落進睡袋，將被褥弄出又濕又冷的一片。

次日——五月十日——雪停了，但風力增強，一陣陣突如其來的風將新降細雪趕著跑。現在情況很明白：不應有多於需要的登山者滯留在第三營：他們只會消耗存糧、燃料，而且越來越衰弱。而至目前為止，馬洛里和厄文一直在充當主力，因此他們被派遣至第二營；在那兒，他們可以和比譚及諾爾度過一些比較太平的時光。

風仍然橫掠著冰河，抓起雪粉，捲入帳篷。但沒有人被嚇壞：諾頓、索默威爾帶領十七名挑伕，摸索著下行至離營約一哩遠的臨時堆集處，帶了十九個綑包上來——兩名英國人也各背了一包。挑伕們回到第三營時，完完全全累癱了；在那穿肌透骨的風中勉力上行，耗盡了他們所有的力量；他們一頭栽進帳篷，就躺著不動了。所幸當他們不在時，布魯士和歐岱爾為每個人都準備了一份熱食。他們強迫挑伕們吃喝，為他們脫掉靴子，看著他們安全地鑽入睡袋。

夜幕罩下時，風以更強的勁道從四面八方襲來。那風似乎被噴射到北坳、拉披優拉和赫拉帕拉上方的空氣中，然後從天頂往下摜擊這些小小的帳篷，搖撼它們，好似一條獵犬在鼠洞中咬著田鼠用力甩那樣。那個晚上，帳篷中又塞滿了雪。風聲和帳篷的狂野拍打聲，使得睡眠成為不可能的事。溫度降到了華氏零下七度（攝氏零下二十一點六度）。

十一日黎明，暴風仍在肆虐；上午九點，溫度仍低於零度。數日內，北坳顯然上不去了。耐力不錯的第二組挑伕，現在銷損成與第一組同樣淒慘的程度。除了在更大的風雪來臨前全員撤退外，他們無計可施，而且他們應直接撤退到基地營，整個探險團便可以在那兒恢復生機。

然而，甚至撤退也是一種奮鬥。那些人全縮在帳篷中，不在乎死活。即使他們明知回到基地營將享有舒適、溫暖及好食物，還是動也不動。他們幾乎得被挖起來。但喬佛瑞・布魯士在這個節骨眼上站起來處理這場難局。他冒著強風站在營地中央指揮：對於只是麻木遲鈍者，給予激烈的言辭；對於真正生了病的，給予很多的憐憫；對於自以為情況很糟而其實沒那麼糟的，給予較少的同情。漸漸地，帳篷被拆卸了，入箱的入箱，入袋的入袋，寢具、補給品和燃料全就地丟棄；要帶下山的負重都經過公平的分配。最後，一個比較有生氣的隊伍終於要離開了——離開那一個小時前還是第三營，如今卻只是一堆石頭的地方。五月十一日是「喬佛瑞・布魯士日」。

為了撤退而做的指示已預先送至基地營。到了十一日傍晚，馬洛里、比譚、厄文和諾爾在基地營，索默威爾和歐岱爾及一半的挑伕在第一營；而諾頓和喬佛瑞・布魯士則在第二營。次日，後兩者繼續向基地營出發，留下帳篷和補給品，好似還等人來使用。在第一營的索默威爾異常忙碌，因為受傷人數一直增加，有些人甚至病得很重。情況最糟的是廓爾喀族軍士夏姆舍（Shamsher）；他因為腦中有血塊凝結，事實上已無知覺。皮匠曼巴哈都（Manbahadur）的情況也很可怕，他的兩腳至腳踝的部分都患了凍瘡；

還有一人則患了嚴重的肺炎。好幾位都有輕微生理失調。所有的人都離開了，除了夏姆舍，因為他不宜被移動；一位廓爾喀族軍士和兩名挑伕留下來照顧他。

到了十二日下午，除了上述四人之外，所有人在基地營集合了。兩個星期前他們初到時，覺得此處很是荒涼，現在看起來則像個休憩的天堂——有溫暖的大帳篷、充足的熱食，以及豪華舒適的營帳用被褥。最棒的是，興斯頓在前一天到達了，他在這緊要時刻為團員加油打氣，並為傷患打理所需的物品，使他們舒適一些。

進攻那山頭的第一回合努力便如此結束了。

第二十一章

再逢災難

此時此刻，比誰都更令人依戀的是布魯士將軍。在這節骨眼上，他那飽滿的好興致，他對小小笑話的轟然大笑，他以輕鬆態度將困難掃到一邊的能力，抵得過一整隊新挑伕。甚至對諾頓本人而言，基地營裡神采奕奕、不曾在二萬一千呎的高處與雪暴風搏鬥四十八小時的布魯士，也會是一個令他振奮的人物。諾頓早被艱苦的生活磨練得很堅強，因為他曾參與蒙斯大撤退[1]，並親身經歷世界大戰。但正如眾所周知，人的性情會在海拔一萬五千呎處變得暴躁、好鬥起來；在海平面高度性情冷靜、自制、脾氣平穩的人，到了海拔二萬一千呎處會變得十分易怒與頹喪。對諾頓而言，眼看整整半年的仔細規劃與組織，最後被暴風雪抓起來拋到空中，這樣的結果必定令他疾恨難當，所以他可能很容易脾氣失控，使團員抑鬱的情緒更為低落。而這些團員可能也會情緒失控，變得滿腹牢騷、吹毛求疵。如果團長本身不能守住自己的話，敗壞的因子必會輕易介入，而活力也會從探險團流失。這種事情就連比基地營還接近海平面的地方也常發生。努力不讓任何這類情況發生，是諾頓和其他團員的榮譽，於是，他們立刻著手擬出一個新措施，以取代那已被粗暴地打成碎片的原計畫。

首先必須做的是挑伕的精神重建。他們已經歷了到目前為止最糟糕的情況，有必要設法鼓舞一番。而最有效的加油打氣方式，經查明是絨布喇嘛的祝福。這就是這一行人最想要的。他們當中有許多人是印度教徒，而喇嘛是佛教徒。那不礙事。他們所要的是一位屬神之人的祝福。他們平日未必特別具有宗教傾向，但現在他們感到神靈逼近。他們和死亡是那麼接近；他們所經歷過的艱苦和危險必定還在他們腦中縈繞不去；那刺骨而令人怖慄的寒風、那惱人的憂鬱，還有雪崩以及失足打滑的危險。他們冒著生命危險與大風大雪及那險惡高峰中的所有災厄搏鬥；他們想獲得一種自信：他們正在做那值得冒險的事。設若他們是一批強盜，正要去從事某些殺人劫財的事，那麼他們便不敢乞求神明祝福。但他們所從事者乃是一番高貴的事業，所以他們想確認神明與他們同在，而神聖喇嘛的祝福便是這麼一種確認。喇嘛的一生都奉獻在善行的追求和鼓舞，因而他可以代表神明對他們說話。只要能獲得他的祝福，他們便能感覺到神與他們同在，並將能以愉悅的心來面對未來的危險與艱苦。這就是他們單純的信念。

就在回到基地營的次日，通譯卡爾馬．保羅被遣往絨布寺去請求喇嘛祝福眾人；喇嘛同意了。就在約定的日子——五月十五日——整個探險團，登山者、廓爾喀人和挑伕們，走了四哩路沿峽谷下行去接受祝福；每個人都領了兩盧比以供奉喇嘛。到達後，廓爾喀軍士和挑伕們被囑咐停留在僧院較寬廣的外院，登山者則被召喚至喇嘛的接待室，在那兒，年輕的喇嘛們捧出餐飲來款待他們。之後，他們被帶至神聖喇嘛面前——喇嘛坐在殿堂上的一座祭壇前，旁有十二位較低階喇嘛隨侍著。英國人都被導引至喇嘛對面沿著殿堂牆壁擺列的座位上，挑伕則坐滿整個殿堂。

接著，英國人走上喇嘛的祭壇，喇嘛以左手執著銀製祈禱輪，一一碰觸他們的頭。廓爾喀人和挑伕們接著也走上祭壇，看起來似乎被這簡單的典禮深深感動。然後，喇嘛做了番簡短但令人印象深刻的演說，鼓勵眾人勇往直前，堅定不移，並保證他個人將為他們祝禱。眾人秉著虔敬的態度離去。這位偉大喇嘛對那些人影響力如何——以喬佛瑞·布魯士的話說——那些人的表現便是雄辯滔滔的證詞了。他的禱告和祝福給了他們新的勇氣。在走回基地營的路途上，他們幾已恢復原先的快活模樣了。

同時，諾頓和布魯士也擬妥負重部隊的重組計畫。為了讓他們有最佳的表現，他們將被分成三個分隊，每一分隊都選出一位最佳的挑伕來指揮，次佳者則擔任副指揮，以備指揮有事時有人可以遞補。這些指揮和副指揮將被給予額外的薪資，大致而言，與軍士待遇同等。要選出這麼六名指揮並無太大困難，因為過去一個星期的艱苦經驗已清楚顯示誰最為可靠。被選定的人都被召至諾頓與布魯士面前，聽取兩位解釋他們被選出的原因和被賦予的期望。然後，他們被允許在可能的範圍內選擇自己分隊的成員。他們似乎很喜歡這個構想。而且這計畫還有一種好處：它為整個負重部隊提供了一點良性的競爭。

興斯頓也一直很忙，因為探險隊回來後的一、二天內，有許多病人要照料。接下來那天早上，他和布魯士便出發去將夏姆舍帶下來，因為他認為那位可憐的人惟一的希望就是被帶到海拔較低的地方。他們以最高度的關注將他從第一營帶下來，但他未能撐過這段行程，而在距離基地營半哩處斷氣。幾天後，皮匠曼巴哈都也死了。即使他活下來，也將從腳踝以下失去雙足。他們都被葬在一個有遮蔽的地點，而他們的名字連同三次探險的其他死難者，都被刻在一塊紀念碑上；那塊紀念碑被豎立在基地營附近。失去夏姆舍特別令人感到遺憾，因為他是——以喬佛瑞．布魯士的話說——「一位英勇又忠心的年輕人；在整個探險過程中，他以滿腹熱心全力以赴，表現最是出眾」。

喇嘛賜給他們祝福後那天，是一個晴朗的好天；天空中沒有一片雲，山看起來清爽而平靜。天氣似乎安定下來了，於是他們決定隔天重新向上進發；那是五月十七日，也就是他們原先預定向峰頂做最後衝刺的日子。馬洛里已經規畫出新的計畫表，標示出每一位登山者及每一組挑伕分隊在接下來十天中應有的動作；其用意是要將原來的計畫再度貫徹，只是最後攻上峰頂的日期從五月十七日延後至五月二十九日。這樣可能無法躲過季節雨，但對此他們毫無辦法。

前置作業是：廓爾喀軍士及一小隊人在十六日傍晚離開基地營，重新進駐第一營，以便能在次日真正出發，沒有任何耽擱。

每個人都盼望如今事情終究會有所改善。但就在出發的那天早晨，第一個新的打擊來了。比譚因為劇烈坐骨神經痛，幾乎不能動彈。他的赤痢才剛剛痊癒，僅憑著純粹的意志力調適體況，使自己適於參加此次探險。現在，他完完全全垮了。那是件嚴重的事情，因為，他不僅具有非常高昂的熱心，還擁有其他人所無的登山經驗和技巧。現在留存下來的登山者不多了。

但除此之外，上涉冰河並無障礙。到了五月十九日傍晚，探險團進駐第三營。諾頓、索默威爾、馬洛里和歐岱爾在第三營，厄文和哈熱德在第二營，準備走向第三營；諾爾和喬佛瑞·布魯士在第一營，準備走向第二營；而興斯頓與比譚則留守基地營。天氣狀況似乎比前幾天好得多。山上有些積雲，但整體而言，天光很是清朗。

北坳，通往山頂的主要障礙現在得去應付了，同時要闢出一條安全的路通到第四營。這條路徑整個被冰封住，上面或多或少覆蓋新降白雪。在這裡，冰河的罅隙與裂縫年年不一樣，每一次探險皆需重新探勘。一九二二年曾因雪崩犧牲了七名挑伕，這回務必小心應付它。而且，它並非只能讓幾名有技巧的登山者攀登而已，還必須讓負重的挑伕有信心在這條路上自在通行。雪巴族挑伕個個是好漢，但並非有歷練的登山家。如果有硬綳綳的好雪能緊緊插入樁子、坡上有登山者鑿出的清清爽爽的步階、危險的地點都圍上了欄杆，而且在一天終了時保證有好的食物和溫暖的床，他們——根據馬洛里的說法——將快樂、自信、安穩地上下陡坡，沒有絲毫疑慮。但，少少幾吋的雪，就大大增加了負重登上北坳的困難。以前曾是堅實、保險的，現在都變成滑溜而不確定。挑伕們不是滿懷自信直著身子走上步階，而是帶著重重猜疑爬在地上，抱著坡道。所有的安全感都溜走了。而且這一年的雪又比一九二二年下的多，溫度也比較低。挑伕們嚴重遭受寒冷之苦，北坳多出來的雪使得造條好步道更形必要。

抱著這麼一種意圖，一支能力高強的登山隊在五月二十日那天從第三營出發；諾頓考慮到馬洛里正蒙受高海拔氣管炎之苦，而索默威爾也有輕微中暑現象，或許無法全程參與工作，便親自加入隊伍。現在，這支隊伍中有他們三位，加上歐岱爾，還有挑伕拉克帕．澤林（Lhakpa Tsering）——他背負著一包阿爾卑斯登山索，以及在更艱難的行程上可以派上用場的樁子。一開始，他們的步伐就很慢，而且很快地索默威爾便顯出非常態狀倦怠。事實上，他的中暑相當嚴重。他想勉強前進，但諾頓和馬洛里強力說服他回去，於是，在極端的噁心和不適中，他回到第三營去了。

諾頓和馬洛里現在必須做的，就是去找出一條無雪崩之虞的路。他們可以看見一道深而廣的冰河裂縫，劃過北坳那些碩大的冰坡。上達那道裂縫的坡雖陡，但很安全，而那道裂縫本身將可能是對抗雪崩的屏障。所以他們將設法走到那道裂縫，然後沿著它較低的一邊行進，直到找著一條安全的路到達北坳上的岩架，紮起一個營。

於是，第一個目標就是設法走到那道裂縫。諾頓和馬洛里一同走在歐岱爾和負重的挑伕前面；他們兩人共同分擔鑿梯或打實步階的繁重工作——那些台階鑿在略微中凸的雪坡上，大部分循著平緩的角度導向那道冰河裂縫的右端。他們遇到了兩道較小的裂縫；攀上大裂縫的最後一段坡很陡，顯然得釘上固定繩索以便挑伕通行。但除了這件事以及必須打鑿步階之外，沒有遭遇更嚴重的障礙就到達了大裂縫。然而，應付那道大裂縫本身又是另一回事了。沿著它較低的那一邊行走並不容易，因為它在一半的地方斷掉了，那處斷掉的地方得非常小心應付。他們必須下降至裂縫底部，再爬上那近乎垂直的碎冰牆，到達一處很狹窄的缺口，或「煙囪」[2]。只有經由這道「煙囪」，才能再度到達那條冰河大裂縫的低緣。

這便是諾頓和馬洛里站在那冰河裂縫的邊緣時所面臨的情況。為了沿著那道裂縫的低緣前進，他們無論如何必須克服這個令人討厭的破口，而惟一的方法就是深入裂縫底部再爬上那冰壁和「煙囪」。

「面對一個難以克服的登山障礙時，」諾頓說道：「馬洛里的行徑一直是很有特色的：你可以清楚看見他的神經像琴弦般緊繃起來。打個比喻：他就像把腰肉束緊起來般，而他的第一個本能反應就是一馬當先。上行冰壁和『煙囪』時，他以小心、敏捷和完全屬於他自己的漂亮方式領先在前。」諾頓則尾隨作他的後盾，不時提供斧柄或斧頭前端給他落腳。正如大部分的冰牆，這道牆並不像乍看起來那麼陡，只要小心地鑿步而上就行了。至於那道「煙囪」，則隱藏著意外的障礙。它底部的雪不能鑿出落腳處，而且似乎包著一道無底的縫。它的周邊是藍色平滑的冰，而且互相靠得很近，以致不能在其中鑿出步階。這道「煙囪」是你在任何一座大山中所能料想得到的最陡、最艱難的坡段，馬洛里說。在普通的海拔上，那就已經是嚴厲的體能考驗了；在二萬二千呎的高處，它幾乎快把人耗竭到極限。

從那道「煙囪」出來後，他們到達了一處悅人的小平台——這已是在那冰河大裂縫低緣的另一邊了。他們現在沿著這道冰河大裂縫的低緣走著，右邊是那道大裂縫，左邊則是很陡的坡面。這條路沒有雪崩之虞，但是很陡，必須鑿出更多步階。然後，在那裂縫的盡頭，更多麻煩來了。諾頓與馬洛里現在站在陡斜的雪坡上，那雪坡向上伸展約兩百呎高，斜度之大剛好使雪粉勉強能夠沾留，其另一端則洩入一道大冰崖（裂縫）的底部。為了方便起見，這段路可稱為「最後二百呎」。

那真是這次登山最危險的路段。在這裡所需竭盡的體能尚不及「煙囪」那麼多，但它的情勢更為危險。那坡面上的雪有可能剝落下來，將登山者帶入下方的深谷中。一九二一年，那坡面確實曾經在馬洛里爬上去與爬下來的時間間隔當中崩落。面臨這麼一種狀況，馬洛里的神經一如以往，立刻回應任務對他的召喚，並再度堅持由他領頭。為了盡量減少危險，他們決定爬上那幾近垂直的最陡坡段，到了頂端坡度緩下來時再向左橫切。橫切過去後，便是準備設立第四營的石棚或岩架的邊緣。歐岱爾此時已加入諾頓與馬洛里；他和諾頓準備從冰河中的冰塔所形成的一個安全角落，自下方抓著馬洛里，以便那看似堅固實則易碎的冰面剝落時能將他托起。幸好沒有這種不幸的事情發生。半小時後，他們一一循著馬洛里在那半冰、半雪的坡面上奮力鑿出的陡峭台階，爬上那塊岩架。

他們上了岩架時尚能沐浴在陽光中，並因為西邊一面冰牆遮去了猛烈的西風而甚感舒適。一九二二年的舊帳篷一點蹤跡也沒了，因為那雪丘、冰崖的大雜燴是真正冰河的組成部分，而它們持續不斷變動中。那岩架本身比一九二二年時窄些。現在它成了一個拱著背的豚脊丘，上面覆蓋未曾被踐踏過的燦爛白雪；其平穩的水平面部分僅夠架起一座六呎平方的小帳篷。

這番登高是很耗力的，因為這一路上每一步階都必須用力踏過或用斧頭鑿過，以造出一條清爽、安全的路，好讓挑伕們第二天拾級而上。但他們很高興重建了整個登山路程中最最艱難的路段。歐岱爾和馬洛里仍有足夠精力去探勘從岩架到真正的北坳之間的路。諾頓則釘樁子，以固定一條繩索，讓它順著那「最後二百呎」的陡絕梯道垂旋下來。

馬洛里已因前面的鑿步勞動耗盡了力氣，所以現在由歐岱爾帶頭。第四營的位置與真正的北坳之間，隔著雪丘的迷陣，以及部分隱匿的冰河裂縫，由此通向北坳的路必須找出來。歐岱爾很高興地找到一條橋跨越最嚴重的裂縫，於是一條安全可靠的路徑便建立起來了。成果豐碩的一日就在此劃上了休止符；三點四十五分，他們開始下山。

但他們徹底筋疲力竭了。全然由於倦怠，他們允許自己去冒那平日會小心避免的危險。他們取道一九二二年的老路，並加速行進。諾頓與馬洛里走在前頭，未繫繩索，歐岱爾和挑伕跟在後面。首先，諾頓跌了個險跤，然後挑伕滑腳——他身上僅以一個平結綁著繩索，後來平結脫開，幸好被一堆鬆雪阻擋，才沒導致致命災難。現在馬洛里本身陷入嚴重的麻煩中了。他已經步入一道很明顯的冰河裂縫。他挑起了堵住裂縫的雪，還以為自己是安全的。但那些雪突然全部鬆開，讓他陷了進去；他往下掉了大約十呎才停止，不能呼吸，而且半盲；因為當他往下掉時，雪崩落到他周遭；經過一陣恐怖與慌亂，才被他的斧頭險險固定下來——那把仍握在他右手的冰斧，橫伸出去鉤住冰河裂縫邊緣。他的冰斧能將他穩住，真是萬幸，因為他的下方有個令人不悅的黑洞。

起初他不敢用力抽身，因恐更多的鬆雪掉下來將他埋住。但當他抬頭看看那個被他的下墜弄出的洞，居然能瞥見那藍藍的天空，於是他張嘴大喊救命。然而他的呼救無效——他的叫聲沒人聽見，而且他往下掉時也沒人看見，因為他走在前頭，而落在後頭的那些人也有他們自己的麻煩。他現在所能做的，就是憑己力爬出來。他非常非常仔細地將雪一點一點撥下去，同時在身旁做出一個洞，然後，經由小心翼翼的爬行，他好不容易才從所處的恐怖位置脫身，最後終能再度站立在那斜坡上。但現在他卻在冰河裂縫錯誤的一邊，必須鑿步而行，橫過一道險惡的硬冰斜坡，然後向下走過一些混濁而令人不快的積雪，最後才能獲致真正的安全。經過這麼勞頓的一天之後，還得進行耗時費力的鑿步工作，他的耐力幾乎瀕臨極限。

他終於與同伴會合，一同走向第三營；對於曾因疲倦而粗心大意，他們都感到羞愧。但甚至在夜晚，馬洛里也沒能好好休息。過去幾天以來，他的喉嚨一直不舒服，現在，他發作了痙攣性咳嗽；一陣陣的咳將他撕成碎片，睡眠是不可能的；此外，他還頭疼，渾身不適。其他人也好不到哪。他們只能以「至少我們已開先鋒躍過這個最嚴重的障礙」來安慰自己。讓別人來擔當重任的時刻到了。

【注釋】

1 蒙斯（Mons）乃比利時西南部城市，一九一四年成為英國軍隊和德軍交戰的第一個戰場，最後英軍失利，全體展開「蒙斯大撤退」（Retreat from Mons）。

2 煙囪：登山詞彙，指岩壁上直立的缺口。——譯注

第二十二章

救人

導向北坳的路徑既已由諾頓和馬洛里準備好了，接下去便應該在北坳上建立起第四營。這項工作將由索默威爾、哈熱德和厄文來負責。而因為時間很緊迫，季節雨很快便將來臨，他們在五月二十一日出發了，也就是諾頓和馬洛里標出路徑的次一日。索默威爾已經好些了，或假裝好些了，他與其他兩名登山者，及帶著帳篷、爐具和補給品的十二名挑伕，將在岩架上諾頓選定的地點建立第四營。他將幫助挑伕爬上「煙囪」，並在最危險的地方固定好繩索，特別是岩架正下方那恐怖的最後二百呎；然後他將在同一天與厄文返回第三營，留下哈熱德和十二名挑伕在那新建的營地過夜。接著歐岱爾和喬佛瑞·布魯士將於五月二十二日跟上去，在第四營過夜；隔天再與挑伕往上爬，去建立第五營。

那是個簡單的計畫，但立刻遭逢了困難。五月二十一日早晨，天氣暖和得反常，空中浮著許多輕輕的雲朵。很快地，濕濕軟軟的雪就降了下來。諾頓與馬洛里先前辛苦鑿出或踏出來的路，現在被掩埋掉了。雪很深，走起來很費力，登山者必須在最險惡處釘入樁子、縛上繩索，以便跟在後面的挑伕行走。最糟的部分是那條「煙囪」。爬上這麼一處地方，人幾乎不能攜帶什麼東西，得試試別種權宜之計才行。就在近旁有一道垂直的冰崖，如果從冰崖底部將綑包拉到上方的平台，這麼一來，挑伕們就可以在無負重的狀況下順著「煙囪」爬上去。於是，索默威爾和厄文便爬上那平台，將綑包拉上去，而哈熱德則留在冰崖底部監督這件工作的運作。索默威爾與厄文做那上拉的動作是非常費力的，而冰崖一個鼓起的部分更增加了這項工作的困難。但重量自二十至三十磅不等的十二個綑包，終於一包包被拉上去了。眼見哈熱德和十二名挑伕走上了他們將紮營——在大雪中紮營——的岩架，他們兩位便返回第三營，於下午六點三十五分到達。這天的工作簡直快累垮人，所幸第四營建成了。

那是五月二十一日。雪下了一整夜，第二天早晨下得更大，一直持續到午後三點。喬佛瑞·布魯士與歐岱爾因而不能出發前往北坳。

雪在午後停了，但寒氣驟然增強。那天晚上——五月二十二至二十三日——氣溫計降至華氏零下二十四度（攝氏零下三十一點一度）。而零下二十四度在二萬一千呎高處與在海平面上是相當不同的。零下二十四度在一個你必須在其中席地而臥的髒兮兮帳篷中，與你從一個舒適的房子裡往外瞧見的也大不相同。當然有許多更低的氣溫紀錄出現在世界上許多其他地方，但很少人像喜馬拉雅登山者這樣，在如此艱難的環境中捱受如此低溫。西藏特使團所遭遇的氣溫夠低了，但也僅僅是零下十八度，海拔僅一萬五千呎，而官員至少還有床可睡。因此，那些曾在很高的海拔上經歷過極度寒冷的人，將最欽佩諾頓及他的伙伴們在這時候所經歷的事情。

五月二十三日，是個無風無雲、陽光燦爛的晴天，雖然空氣銳利得像把刀。看來北坳坡道上新降的雪可望安全了。於是，喬佛瑞．布魯士和歐岱爾便依計畫進行，在九點三十分出發，十七名挑伕隨行。

但哈熱德和他的十二名挑伕此時如何了？自五月二十一日以來，他們就被留在北坳；五月二十二日幾乎一整天都在下雪。五月二十二至二十三日之間的晚上，打破這些地區的最低溫紀錄。他們的帳篷並不像第三營那樣紮在碎石堆上，而是在雪上，海拔更比第三營高了二千呎。這些時間當中，他們怎麼了？諾頓深深關切這件事情。就在將近一點的時候，雪又開始穩穩降了下來，四周一片白茫茫，此時他看見一排黑點，像白粉牆上的蒼蠅似，正緩緩從第四營下來。諾頓見此大為放心。那必定是哈熱德的隊伍正在返回第三營。他很高興他們回來了。

大約三點，他看見喬佛瑞．布魯士和歐岱爾也回來了，挑伕們和他們一道。他們到達了一個地方，積雪的情況很險惡，而且在他們上方的哈熱德的團隊也正在爬下「煙囪」，因此他們論斷：往回走才是明智之舉。

眾人開始懷著極大的焦慮等待哈熱德的到達。他在大約五點時抵達第三營，但僅有八個人跟著他，其他四位都留在後頭。他們無法面對那危險的斜坡，也就是恰在第四營紮營的岩架下方的那「最後二百呎」。哈熱德第一個走去測試那新降的雪情況如何，八個人跟上去，但其他四人又轉身折返。或許他們病了──他們當中的確有兩人長了凍瘡。更可能的是他們當中有一位試了試那新降的雪，卻打了滑，心生畏懼而不敢繼續走：他們應該尚未忘記上次探險中在這些坡道下方所發生的事情。

無論原因如何，他們就是擱淺在北坳上了。現在雪正像軟軟的羽毛似不斷降下來，使得上下北坳都越來越危險。

現在應該怎麼做，諾頓似乎沒有半刻的遲疑。某些人或許曾遲疑過，某些人或許認為情況已經不能挽回，諾頓卻非如此。他或許也曾與自己爭辯道：在這麼糟糕的天候中，到那些冰坡上冒險是毫無希望的──而這番論辯是很正當的。讓那些人留在北坳上自生自滅固然很悲哀，但他考慮他們的性命之餘，還得考慮其他人的性命，也還得考慮整個探險的目標。如果他派出救援隊，救援隊中的人也可能喪命；如果沒有喪命，也將因救援行動而耗盡體力，以致在稍後的衝頂一搏中不能派上用場，使整個登山團失去登上頂峰的機會。

諾頓可能曾很合理地與自己這樣爭論，但他不曾去思考，只是本能地付諸行動。他決意無論如何今年不能讓任何挑伕死傷。只有一件事要做，那就是營救他們，不計代價地將他們救下來。再者，他本人必須加入救援隊——他，還有另外兩人，也就是團中最優秀的登山者，馬洛里和索默威爾，都必須加入。只有最優秀的登山者才能勝任這項工作。他做出這項決定，而其他兩位也與他心氣相通——雖然他們三人都已經在這二萬一千呎高的營區以及探索北坳之路的費力工作中耗盡了體力。

他冒著自己的生命危險，也冒著馬洛里和索默威爾的生命危險，就是要救下那些人。他們屬於不同種族、不同宗教，在生活中地位卑微，但他們是伙伴——更有甚者，他們是一樁共同冒險行動中的伙伴。他們一直隨時準備為他們的領袖奉獻生命，那麼他們的領袖現在便應冒著生命危險營救他們。

伙伴的情誼在說話；而這種情誼必定已根深柢固地長在諾頓、索默威爾和馬洛里心中，因為以他們目前又冷又病又淒慘的狀況來看，當生命如風中之燭般閃爍不定時，只有最深刻的動機才能激勵他們。所有表面上的東西在很久前就消失了，如非這種伙伴感根植於他們的心性中，如非他們感覺到他們國內的伙伴（同胞）盼望他們有男子漢的作為，現在這番場面是見不到的。

然而，這三個病人在冒險救人的過程中卻有如生龍活虎般。馬洛里和索默威爾都在咳嗽，並喉疼得很厲害。他們知道這將嚴重妨礙他們登高。諾頓本人——根據馬洛里的說法——並非真的適於從事這趟救援行動。天氣持續惡劣。當他們三人坐在帳內密商大計時，雪仍啪啦啦落在帳篷上。馬洛里寫道：下這種雪，看來登上北坳的機率只有十分之一，遑論整批人馬順利下山的可能性。他本人曾有在北坳被崩雪埋身並跌進裂縫的經驗。

很幸運的是，雪在半夜停了；第二天，五月二十四日，早晨七點三十分，他們動身出發。他們步上了北坳的坡道，發現雪不是很糟糕，因為它還來不及變得很黏。然而他們的前進仍然很費力，是那種艱辛而單調的雪地行軍；雪深從一呎至及腰不等，而他們都因寒冷及高海拔效應而病了。他們勉力拖著步子走過冰河盆地上新降的雪，然後漸漸往上，緩慢而警覺地走著、喘著、咳嗽著。先是馬洛里領先，接著索默威爾帶領其他兩人到喬佛瑞．布魯士及歐岱爾前一天丟置綑包的地方，後來由諾頓帶頭——他穿著冰爪，能夠不用鑿步就帶領他們上行到那道冰河大裂縫；他們在那兒停留了半小時。大約一點三十分，他們來到了「煙囪」下方的冰牆。先前所鑿的每一步階都被雪填滿了，但索默威爾所釘的細繩還垂懸在那兒；他們以雙手抓住繩索，將自己拉到「煙囪」上面。在另兩個危險區段上，諾頓和索默威爾輪番先爬到那長繩前端，由其他兩人在下方保護著。然後他們來到那危險非常的「最後二百呎」；在那最上端的岩架上方，他們看見那些孤立無援的挑伕之中的一位站在岩架邊緣。諾頓大聲問他，是否還能走路。上頭丟下疑問性回答：「往上還是往下？」「往下啦，笨蛋！」於是那人消失，喚來他的三個同伴。

截至這一點為止，事實證明雪的狀況不若他們原先預料得那麼危險，但在最後橫切的路段，真正的危險顯現了。在這段險坡上，索默威爾堅持第一個橫切過去，諾頓和馬洛里則在後面固定繩索——他們為了應付緊急狀況，帶了一條二百呎長的登山繩。他們把冰斧插入雪中直沒斧柄，以繫縛繩索；繩索繞過這些冰斧，一碼一碼地由索默威爾扯出去，同時索默威爾在那陡峭的冰坡橫切面上，一面攀行，一面賣力地敲擊出大而安全的步階。

他越來越接近那等在坡道頂端的四個人了，但當他幾乎要搆到他們的時候，縛在他身上的繩索卻已扯到了盡頭。還差十碼（約九公尺）！怎麼辦呢？已經四點了，時間相當緊迫。登山者們立即決定：那四個人必須試著走過那段沒有步階的十碼。他們必須一個一個來，越過那危險的部分；當走到索默威爾身旁時，就可以順著那條拉緊的繩索，走到諾頓和馬洛里那兒去。

頭兩位安全到達索默威爾所在處——一位走到諾頓身旁後，第二位才開始走；但雪卻在剩下那兩人腳下滑動了，因為他們愚蠢地一塊走過來。兩人旋即飛下斜坡。在一陣麻痺無力中，諾頓打量他們是摔到二百呎下方那藍色冰崖下面去了。但他們突然冒出身來——原來他們滑下去時，跌在一個雪凹子裡，那是早晨的嚴寒和日中的陽光交互作用形成的。索默威爾吩咐他們坐著別動，然後，他冷靜自持地先讓第二位沿著繩索走向諾頓，再回過頭來關懷他們不幸的友伴。

現在，營救這兩個陷入可怕困境的人，需要登峰造極的登山技巧。首先，索默威爾必須安撫這兩人的情緒，所以他跟他們開玩笑，直到他們幾乎笑了起來。然後他將冰斧深深插入軟雪中，並將他腰上的繩頭解下來，繞在斧頭上並拉緊，緊到每拉一呎諾頓和馬洛里都感覺得到，後兩者正極盡手臂的長度拉住繩子的另一端。這樣，拉過來大部分的繩子之後，索默威爾順著繩子走下去，直到它的末端，接著，他以一隻手執著繩子的末端，伸出另一隻手臂去接觸那兩人中的一人。他安穩揪住對方的後頸，將他拉到冰斧打樁處。第二位他也以同樣的方式處理。救援終於有了結果。

這兩個可憐的人回到比較安全的地方來了，但他們已大受驚嚇，以致沿著繩索走向諾頓和馬洛里所構成的天堂時一路打滑，幸虧有繩子作為扶手，才未再度陷入險境。當他們終於通過那段險坡之後，索默威爾再度將繩頭綁在腰上，跟在他們後頭。諾頓說，看著他平衡筆挺地橫越那已經崩踏的山路，不曾打滑，不曾失誤，簡直是上了登山技藝一堂精湛的課。

與黑暗的競賽開始了，因為當他們開始下行時已是下午四點半。馬洛里和一名挑伕在繩索前端帶路，索默威爾帶著另兩名挑伕在後頭跟著。諾頓則和一名手部遭嚴重凍傷的挑伕殿後；那名挑伕的手已沒什麼用了，因此，在某些路段，例如「煙囪」，諾頓必須扛著他。

到了下午七點半，當他們離開北坳的雪坡，距離「家」（「家」，諾頓這麼稱呼它，但那只是第三營）四分之三哩時，有人影從黑暗中冒出來；原來是諾爾和歐岱爾拿著熱湯在等他們。諾爾再一次在最需要他的時刻到來。

登山者們救下了這四個人，但他們三人已累得不成人形。在必須蹣步越過那段險坡時，索默威爾一直咳嗽、窒息到最淒慘的地步。馬洛里的咳嗽使自己整夜不能入眠，諾頓的雙腳則疼痛非常。這三人救了四名挑伕的命，但他們自己所付出的代價是什麼，答案要到他們距離目標一千呎處才會明瞭。

經歷過這些事情之後，探險隊已不再能立即攻上聖母峰了。第二度撤退到冰河上較低的營區去休養生息一番，是勢在必行的手段。就在諾頓和他的隊友正想法子援救那些受困的挑伕時，他就先指示了撤退的事宜。恰恰在季節雨被預測即將來臨的時候再度必須背向目標而行，真是一樁痛苦的打擊，但一點辦法也沒有。沒有半個成員適於在目前的情況下繼續往前走。寒冷加上種種搏鬥，使得這個團隊東倒西歪，特別是那些曾經負擔大部分辛苦工作的最佳登山者。在海拔較低處休養幾天，有其必要。

喬佛瑞・布魯士、哈熱德和厄文，以及大部分的挑伕，都已走下到冰河區；救援行動次日，諾頓和其餘的人也跟下來了。他們是一群跛子和瞎子組成的悲慘小團體，而且必須在東北暴風雪中設法走回第二營。在接下來那一天，也就是五月二十六日，諾頓和索默威爾到達第一營。現在登山團的成員配置如下：歐岱爾、諾爾及雪畢爾連同二十名左右的挑伕留在第二營；馬洛里、索默威爾、布魯士、厄文及諾頓在第一營；哈熱德已回到基地營加入興斯頓及比譚。

如此將團隊拉長成梯形編組的目的，是要趁天氣應該還不錯的時候以最少的延遲天數重新運作起來。那些打算在下次前進行動中到達北坳的人，現在就被安排在第二營，以便一聲令下時，他們能在一天之內重新到達第五營。

他們到達第一營的當日下午，就舉行了另一場作戰諮商會議；各種方式和手段都被檢視了，一個較簡單的新計畫也被擬了出來。當他們研究運輸問題的時候，卻發現他們的處境非常艱困。雪畢爾和布魯士都同意，原先那可用的五十五名挑伕，現在僅餘十五名可依賴。肢體傷殘者數量很少，但那極端的嚴寒，加上極高海拔的衝擊，已取走了他們大部分人的膽氣，使得他們不再可靠。而到目前為止，已經完成的事很少。第四營僅勉強建有四頂帳篷，其中僅存有十二名挑伕及一名登山者使用的睡袋。所有的食物和燃料仍然必須帶上去，此外還有在山上將會需要的每一套供氧器材和鋼瓶，以及供更高營區使用的帳篷和爐具。第五營也必須建立起來，並供以必要用具和糧食——根據原先的計畫，單單為了建立第五營，就需用到十五名挑伕。

時間的問題也必須考量。他們現在距離一九二二年季節雨爆發的時間只剩六天。二至三天的休息是必要的，而登上第三營又得花掉一天。顯然，一旦登山者們再度開始他們的登山行動，這個計畫必須能讓他們以最少的延宕做出重大的攻頂嘗試。

氧氣的問題也再度顯露出來。有人開始質疑，氧氣到底為使用者帶來什麼真正的效益。

這場作戰諮商會議既漫長又做不出決定，於是諾頓在次日召開一個更完全的諮商會議，邀請歐岱爾、雪畢爾和哈熱德從第二營和基地營過來參加。在這第二次會議中，七名可用的登山者的每一種可能組合都被想過，也徹底考量了整個行動的每個細節。最後，最簡單的可能計畫出爐了。氧氣將被丟棄，一系列的雙人登山組將開始行動。他們將在連續的晴天中一對對離開第四營，在那個營上方睡兩晚，一晚在二萬五千五百呎的第五營，另一晚在二萬七千二百呎的第六營。諾頓堅持：第四營必須經常有兩名登山者在那兒作為支援。在將登山者編入這些不同的登山組時，諾頓規定馬洛里有權加入第一組，如果他想要的話。他的喉嚨已經好了很多，而且，雖然他到目前為止做了大部分的苦工，然而——諾頓說——這個人的能量和火焰仍反映在他的每個姿勢中，無疑地他可以和其他任何人爬得一樣高。其餘的人當中，布魯士顯然是最強壯的。所以馬洛里和布魯士便組成了第一隊。索默威爾的喉嚨距離康復還有一大段距離，但已因第一營的溫暖而感到舒適些。他自一九二二年以來便享有盛名，此次更因營救那些受困的挑伕而更增魅力。他將被編入第二隊。第二隊中的另一位，由索默威爾和馬洛里挑選——諾頓再度授權讓他們從他自己、歐岱爾、厄文和哈熱德四人當中選出一人。他們選了諾頓；而他們在決定人選之際，還必須考慮到一件重要的事：每一組人馬當中，都必須有一位能說充足的尼泊爾語，以便當挑伕的決心開始動搖之際，仍然能夠將他們帶在身邊。歐岱爾和厄文將擔任第四營的支援者，哈熱德則將留在第三營。

五月二十八日，正如二十七日，是個晴朗無雲的熱天，團中有些人情緒高昂地想再度上山去，但諾頓眼見大伙兒身體狀況大有改進，便決定在營地多待一天。這一天並未浪費掉：十五隻「老虎」（挑伕們被如此暱稱）在第二營集合，歐岱爾和厄文做成了一條阿爾卑斯登山繩梯，以及若干樁釘，使負重的挑伕們夠爬上那北坳「煙囪」下的陡峭冰壁。

在五月三十日這一天，最後一舉開始了。各組登山人員在諾爾和他的攝影裝備陪同下，到達第三營。

第二十三章

突擊

偉大的時刻到了。登山者已曾兩次被冷氣和寒風斥回，現在，他們第三次回來從事這攻堅的戰爭。這一次，天氣幾近完美。他們本身筋疲力竭，人數也銳減，但暴風雪過去了；日復一日，那山頭稜角分明地矗立在那兒，登山者們渴望能夠趁季節雨尚未將整座山覆裹上令人透不過氣的細雪前，抓住這最後能爬上去的機會。

身為人類，每位登山者自然都希望自己是一系列登山組合中第一組執行攻堅的人。可能第一組便能將它拿下，而使第二組沒有了機會。或者，即使第一組失敗了，季節雨或某些颱風也可能不放過第二組及繼踵而來的人。成功的機會還是決繫於第一組。而諾頓作為領隊，大可以將自己編在第一組，但正如我們所見，他秉持騎士風範讓賢了。正如一開始的時候，在這高潮臨近的一刻，他一心繫念的仍是探險隊的成敗，而非他個人的功名。每一個有可能導向成功的小動作都必須做。每一樁可能造成障礙的小事都必須避免。所以現在，全團中看起來顯然最健壯的兩位：馬洛里、喬佛瑞·布魯士將首先衝鋒；大家都估計他們將拿下那項大獎。

他們在六月一日從第三營出發，帶了九隻「老虎」。又是晴朗的一天，他們滿懷著希望。在前往北坳的路途上，他們在冰河裂縫中，那道「煙囪」下方的冰牆上，固定了繩索，使負重的挑伕行步容易些。到達第四營時，他們發現歐岱爾和厄文已在那兒打理妥當，準備好發揮支援者的功能，留意筋疲力竭的登山者在攻堅行動之後的舒適，將熱食備妥，並救助歸來的挑伕隊。

六月二日，馬洛里和喬佛瑞．布魯士帶著他們的九名挑伕，出發上山進行真正的突擊行動。他們期望著在第一天建立第五營，第二天第六營，第三天登上山頂。那並非不合理的期望，因為天氣狀況持續良好，天空很晴朗，並無季節雨的徵兆。可嘆！在喜馬拉雅山區，朗日晴空通常意指颳勁風。在那燠熱的平原上和覆冰的山巔之間，有強勁的氣流迴旋。馬洛里的人馬一出北坳冰岩屏障，立刻受到從山上颳往西北方的狂風吹襲。這一組人穿著防風衣物，但那並不比所謂「防水」的衣物在熱帶大雨中有效。那風撕裂了防風外套，透進羊毛外套，又透進肉中，直入骨髓。它穿透每樣東西，不僅無孔不入，還極力施壓，負重的挑伕僅能勉強穩住腳步。

諾頓形容北坳以上的山是：「一個既無冰雪又無冰河裂縫的平易岩峰」。但他的「平易」一詞是說給英國登山協會聽的，而英國登山協會所用的語言和全世界其他人所用的語言並不同。在這種語言中，那山頭或許可說是平易，但它顯然必定很陡峭，否則雪就會沾留其上，而不會是無冰的岩峰了。而它到底有多陡？我們可以從一項事實來瞭解：每當我們聽見一位登山者掉落東西，也往往聽說那東西一去不回了。就是在這種摧枯拉朽的風中，他們必須設法登上聖母峰的陡峭岩稜。

第五營原應建立在大約二萬五千三百呎高山脊的東面，或有遮蔽的那一面，但在大約二萬五千呎處，挑伕的體力耗盡了。（我們不妨再度提醒自己：在這幾梯次聖母峰探險之前，人類所曾達到的最高海拔為二萬四千六百呎，而且是在無負重狀態下達到的。）只有四名挑伕仍精神旺盛，其餘的都丟棄了綑包，不能再往上走了。因此馬洛里必須停下來，籌組一個營區，而喬佛瑞．布魯士和強韌的洛卜桑（Lobsang）則回頭走兩次，將丟失的綑包背回來。那是一番英勇無比的作為，不僅對已將自己的綑包扛上去了的洛卜桑來說是如此，對布魯士而言也是如此，因為他不曾像那些挑伕般，畢生習於在山區負重而行，就連在其他任何地方，他皆不曾習慣於這項勞動。

諾頓如此形容的「棲止在一面陡急斜坡上的兩頂脆弱的小帳篷」，現在有了堂堂的稱號：第五營。根據計畫，五名挑伕被遣回北坳支援營區，最好的三名則被留下來，以便再將一個營帳往上送二千呎，建立另一個營。

次日，也就是六月三日早上，馬洛里和布魯士應該要出發走向山頂了，但甚至過了一夜，那些人仍然看不出希望。寒風不僅進了他們的骨，也進了他們的心。風將他們的膽氣吹冷了下來。隔天早晨，布魯士和馬洛里都未能使他們振作起來。一位可以出發了，另二位則自稱生病。喬佛瑞·布魯士如同他的堂哥布魯士將軍，與這些山民相交很有一套，但現在連他也沒辦法了。況且布魯士本身也因為前一天扛了重物上來而損傷了心臟，正在為此受苦。除了返回北坳之外，已無可希冀了。探險團所如此倚重的第一組人馬，就此宣告失敗。

***

當馬洛里和布魯士離開第五營往下走的時候，時間安排上比他們晚一天上山的諾頓與索默威爾也正離開第四營往上走。這兩組人馬正好在兩個營地中間相遇。馬洛里往回走的景象，令諾頓心中一惻。它意指登上峰頂的機會又少了一個。它也可能意指：沒有一個挑伕能夠將紮營器材搬到高於二萬五千呎處，而這也意指：任何機會都完了。那是個糟糕的前景。無論如何，馬洛里和布魯士尋路回到了北坳，由歐岱爾和厄文迎接、供應種種提神物——現在，這兩個人在補給品豐富的北坳上擔任這極富價值的支援工作，而這是諾頓從他一九二二年的探險經驗得到教訓後倡議設置的。正當馬洛里和布魯士往下走向北坳時，諾頓和索默威爾則往上推進。他們也經歷到聖母峰的刺骨寒風，但他們終能到達第五營。他們保留四名挑伕，期望第二天他們會願意帶一個帳篷到二萬七千呎處。馬洛里在此所設的兩個帳篷，由四名挑伕使用一個，兩名登山者則使用另一個。諾頓和索默威爾發現，在他們之前來此的人已將帳篷內的地板處理得很平坦。吃過由乾肉餅和「威猛」牛肉、咖啡及餅乾做成的一餐後，他們過了很美好的一夜——睡了至少半個晚上。這是很重要的一點，因為先前人們假設：人類在這麼高的海拔上根本不可能入眠。

然而，關鍵在於，挑伕們第二天能否再接再厲。諾頓說，他那個晚上有不祥的預兆：挑伕們的態度讓他不敢奢望他和索默威爾第二天能比馬洛里和布魯士更勸得動他們背起綑包往上走。隔天，兩位登山者在早晨五點就起床處理這個問題，而接下來的幾個小時，是聖母峰探險史上的幾個重要轉捩點之一。如果這幾名挑伕，以及馬洛里的挑伕，都不適於或不願意繼續上行，那麼，不僅此次探險將以失敗收場，任何將來的探險也盡將受挫。他們將幾乎理所當然地認定：挑伕們不可能將綑包帶出二萬五千呎海拔以上。

如果我們想瞭解清晨五點人在聖母峰上是什麼樣子，就必須回想一下，蜜蜂在一個涼冷的秋天早晨是什麼模樣。平時這些忙碌的小蜜蜂活力充沛，在這個時段，牠們卻幾乎不動；牠們凍僵了，既無體力，亦無腦力，生命的活源離開了牠們。這些挑伕就像那樣，或許諾頓本身也好不了多少。當他走到挑伕的帳篷去探詢，所得到的回答只有呻吟聲。但他接著做了一件很聰明的事情。他勸誘他們起來煮飯，吃點東西，然後回到自己的帳篷吃早餐。早餐之後，事情看起來比原先好多了。一個空空的胃，使所有的事情看起來都好似不可能，背東西上聖母峰峰頂自然不用考慮。但早餐過後，甚至這件事也可以考慮做做看。

所有的人都吃過了，諾頓一心一意投入工作。他和這四名挑伕之間發生的鬥爭，基本上是屬於精神層面的。組織能做的都做了。思想也不能做得更多了。問題僅在於：精神能否說服肉體再往前進，而這憑恃想像力多於依賴意志力。在此諾頓再度展現了智慧。他訴諸想像力；在偉大的事業上，我們都是由想像力帶著走的。沒有人拿槍抵住他們的頭；沒有肉體上的強迫，沒有威脅，甚至沒有金錢上的賄賂。他僅僅為挑伕們描繪了一幅圖畫：他們身上堆滿了榮耀和尊崇，接受來自各方的讚賞；他告訴他們說，他們的名字將如何被燙金印在描述他們的成就的書中——只要他們能將綑包帶到二萬七千呎的地方。那是扭轉情勢的一著棋——這項訴求，感動了他們的男子漢情懷。諾頓實際上說的是：「表現得像男子漢吧！你們就會受到男子漢的尊崇。」諾頓和索默威爾之所以能做出這項訴求，是因為他們曾以生命、健康和探險團的成功為賭注，展現男子氣概和伙伴情感，回去營救那四位困在北坳的挑伕。這四名挑伕中，至少有三名對那永恆榮耀的召喚做出了回應；另一位真的病得太厲害了。他們的名字，我的讀者讀過時，應該會發散出榮耀的金光：

納普布．伊夏（Napboo Yishay）
拉克帕．切第（Lhakpa Chedi）
仙春碧（Semchumbi）

事情有了轉捩點：他們往前進，而非往後退。一旦他們出發上路，便走得很好——雖然仙春碧因為膝蓋碰傷，走得有點跛，必須由索默威爾看顧著，而索默威爾本身也喉痛得厲害，必須不時停下來咳嗽。第一天所走的平易碎石山坡，隨著他們漸漸上行而在二萬五千至二萬六千呎之間變得鬆軟；索默威爾說，他們的精力和心情也在這疲累、沉重的步伐中受著煎熬。再往上，鬆散的碎石山坡變成布滿小石塊的斜面，這使得他們的步行不安定而且危險。為了使呼吸充分滿足身體的需要，他們必須常常停下腳步。但天氣持續晴朗，風也比前一天小了許多。當他們行經一九二二年他們和馬洛里曾經達到的最高點時——當然，那也是有史以來人類所曾達到的最高海拔紀錄——他們的精神振奮起來了。他們要往更高的海拔去紮營。只要再來一個晴天，再配合其他良好條件，還有什麼他們無法達成！

所以他們繼續前進，直到一點三十分；那時候，英勇的仙春碧顯然無法再前進了。面向北方的岩石面上的一道窄裂口，看起來頗能作為西北風的避風處，便被選為紮營地點。諾頓派那兩名帶頭的挑伕去耙梳那碎石堆，在那裂口的地板上形成紮營時可用的台面。就在那兒，供兩位登山者使用的小小帳篷架設了起來，這便是第六營，海拔二萬六千八百呎。比歐洲的白朗峰最高點高出不只一萬一千呎。

情況遠遠不如理想，但已是當時當地所能張羅的最好的一種可能了。索默威爾說，在聖母峰上，你必須盡量利用你所能取得的東西，而且要心懷感激。諾頓則說，他兩次上下聖母峰的北壁刃嶺（North Arête，即北壁邊脊），從未見過一處六呎平方、紮營時不用鋪設平台的地點。

那極小的「營」一紮起來，三名挑伕便被遣回北坳營。他們已英勇地演完他們的角色，並確立了一項永恆的要點：在距離聖母峰峰頂一天的爬山腳程之內，可以紮起一個營。現在，登山者被單獨留下，扮演那屬於他們的角色。

但在他們實際上開始登峰之前，必須在那個營內度過一晚；於是第二項要點必須弄清楚。人類能夠在接近二萬七千呎處睡覺嗎？到了第二天清晨，這個問題也獲得了解答——而且是滿意的解答。諾頓那天在筆記簿中寫道：「我度過了離開第一營以來最好的一夜。」或許這與不用再擔心挑伕的問題而心情大為紓解有關。無論原因如何，事實是這樣，而這事實具有重大的價值。索默威爾不像諾頓睡得那麼好，但他記載道：「當晨光降臨，我們都已得到充分的休息，並且毫無呼吸困難等高海拔效應的困擾。」

發現這兩項事實，也就是，挑伕能攜帶一個帳篷到二萬七千呎等高線，以及登山者能夠在那兒睡著，是這第三次探險的兩項重大成果。

第二十四章

高潮

決定成敗的日子到來了。六月四日，在太陽下山之前，諾頓和索默威爾，或他們兩人中的一人，將站上聖母峰的峰頂，要不然就是他們再度受挫，必須撤軍。天氣好得不能再好。幾乎無風，而且陽光燦爛。可歎！現在天氣條件有利，人卻已耗盡體力了。如果他們能夠從第一營清新出發，悠閒地走在冰河上，一路漸漸適應這裡的高海拔環境，讓別人去做那些費力的苦工，那麼他們現在會是不同的人。在探險隊離開英國之前，諾頓確曾主張應該多邀幾名登山者。當時如非考慮到西藏政府的敏感，就會多送幾名登山者過來。多四位登山者的話，別的不說，光是運送物資的動物就要增加好多，而西藏政府對這一年一度的探險團規模早就疑心重重。

不管怎樣，諾頓和索默威爾起身後，心中充滿希望。不過一開始，卻發生了一樁令旅行者倍感困擾的小小不測事件：熱水瓶的瓶塞掉了，那受到殷切需求的熱飲漏失殆盡。於是，他們必須做這疲累的工作：取雪加熱以製造另一瓶熱飲。理論上，聖母峰探險團的領隊應該看緊熱水瓶塞，但即使在紀律最嚴整的探險團，還是會有意外情況發生。

諾頓和索默威爾在六點四十五分出發，向右一拐，斜向西南，沿著北壁走向山頂；

峰頂還距離他們大約一哩遠，就像盤旋在他們上方二千二百呎的烏鴉。他們本來可以奮力爬上山脊，沿著它走，但他們寧願走在它的遮蔽下；山脊上，風或許會太大。這條路的壞處是：在一開始，當他們最想要陽光的時候，他們卻走在陰影中。他們蹣跚地緩緩走上一個寬廣的岩質山肩，努力走向一片陽光。他們氣喘吁吁地走，有時因腳下的碎石而打滑，因此常常被迫停下來喘口氣。最後，他們終於得到了陽光，開始覺得溫暖。

他們橫過一小塊雪地，諾頓以英勇、漂亮的小碎步領先，離營大約一小時之後，就到達那寬闊黃色帶狀岩層的底部。從遠處看起來，那黃色帶狀岩層是這座山頭的醒目特徵；它大約有一千呎厚，提供登山者一條橫向對角的安全、平易的路徑，因為它是由一系列寬厚的岩架累積而成，有些寬度達十多呎，都與它的大方向平行，而且破裂到足夠讓登山者從這層岩架爬上另一層岩架。

他們進行得很好。天色完美。但是，當他們到達二萬七千五百呎海拔時，卻開始覺得極端疲勞。諾頓說，他感受到刺骨的寒冷。他們一路上休息了無數次，當他有次在陽光下坐下來時卻仍劇烈發抖，以致他懷疑染上了瘧疾。然而，他穿著足夠的衣裳——一套厚羊毛貼身衣褲，一件法蘭絨厚襯衫，兩件毛線衣，外加一套防風軋別丁燈籠褲裝，褲子本身襯有輕質法蘭絨，下接伸縮喀什米爾羊毛綁腿，腳上則是皮面皮裡的靴子，靴底疏疏釘著常見的阿爾卑斯登山冰爪；在這一切之外，他還罩著巴巴利牌[1]的沙克爾頓[2]式輕質防風袍。因為考慮到重量，毛皮未被採用，但他這一身似乎應該足夠讓一個人保持溫暖了。為了看看是否當真染上瘧疾，他量了量脈搏，結果令他吃了一驚：只有六十四下；他的脈搏通常很低，這只比他的正常脈搏多了二十下。

除了這種冷的感覺之外，諾頓同時開始體驗到眼睛的問題。現在，他所見的影像都是雙重的；在難走的路段上，有時候甚至不知該把腳放在哪兒。

索默威爾也遭遇了麻煩。幾個禮拜以來，他一直承受著喉痛的煎熬。現在，因為在這高度又乾又冷的空氣中呼吸，喉嚨深處彷彿被灼燒一般，這為他已然很糟糕的喉嚨問題招致了災難性後果。他必須不時停下來咳嗽。

海拔的高度也開始對他們兩人顯現威力。索默威爾說，在大約二萬七千五百呎處，有一種幾乎突然的轉變。在稍低一點的地方，他們能夠走得很舒服，每走一步呼吸三至四次，但現在，每向前走一步，要做七次、八次或十次的深呼吸。甚至以這麼緩慢的前進速率，他們每走二十或三十碼，也還得休息一、二分鐘。諾頓說，他曾雄心勃勃地定下一個標竿：連續往上走二十步，都不停下來休息——休息，就是屈下膝蓋、手肘支在膝頭上喘氣。然而，他不記得曾經達到過這個標竿。十三步已是離標竿最近的成就了。

將近中午，他們在大約二萬八千呎海拔上；那時候，他們的耐力已接近極限。他們所處的地方，正好在那一道黃色岩帶上緣的下方，並且正在走進一道巨大的峽谷——它從山上垂直劃下來，從那雄偉的西北脊切開那終極金字塔的底座。就在這兒，索默威爾終於屈服於他的喉痛。這時，他就快因喉痛而亡了；如果他再往上走，必死無疑。他告訴諾頓，他再走只會妨礙他，因此建議他獨自登上峰頂，他則想躺在一個有陽光的岩架上看著他爬上去。

但諾頓本身已遠遠超出自己的能力範圍了，因此能夠繼續努力的餘地並不多。他循著那黃色岩帶的上緣走——它以極輕微的角度向上斜，轉入那巨大的峽谷，又橫越而過。但是為了達到峽谷，他必須再繞走兩處縱垂於山面的突出扶壁。在這裡，行進變得艱難得多。在他底下的斜坡非常陡峭，能落腳的岩架窄到僅有幾吋寬。當他走進那巨大峽谷的凹處時，大量細雪更將那靠不住的踏腳處遮掩了起來。整座山頭的這一整面，都是由屋頂磁磚似的平版岩石構成，傾斜的角度也很像屋頂磁磚。他兩度必須拾著自己的腳步回頭，循著另一層岩帶走。而那巨大峽谷的崖壁本身則覆滿了細雪，他一腳踩下去，就陷到了膝部，甚至腰部；如果滑跤的話，那細雪不見得能撐得住他。

出了峽谷，前進的情況持續惡化。他發現自己像是從一塊磁磚跨到另一塊磁磚，每一塊光溜溜的磁磚都以不變的角度持續向下；他開始覺得，他過分倚賴冰爪和那光滑岩面的摩擦力。諾頓報告道：嚴格講來，那還不算難走，但是，對一名沒有繫繩子的隻身登山者而言，那卻是個險惡之境，因為，只要腳底一滑，將百分之百落到山底。

小心翼翼繃緊神經的上行，現在開始讓諾頓吃不消了——他漸漸感到體力耗竭。此外，他眼睛的毛病也越來越糟糕，成為嚴重的障礙。他或許必須再克服二百呎如此險惡的行進，才能登上那終極金字塔的北面，進入那導向峰頂的安全、平易的路段。但現在已是下午一點，而他行進的速率太慢——自從離開索默威爾之後，他在這大約三百碼的路程當中只上升了一百呎；他將不會有機會再上升八百七十六呎了，如果他想安全回來的話。所以他掉頭往回走。那個折返點，事後由經緯儀測定，海拔為二八一二六呎。

在距離峰頂不過三小時的上行腳程內，諾頓和索默威爾不得不放棄了攀頂的目標。它就在那兒，不到半哩遠，但登山者們一個接著一個被飭回。永恆的榮耀幾乎已到了他們手中，但他們都太過虛弱，以致抓不住它。然而他們的虛弱可不是膽氣的虛弱。世上沒有一個人比索默威爾更有勇氣、更具不屈不撓的精神，也沒有人比得上諾頓的堅韌和鎮定。他們最後走到了資源的盡頭，其真正的原因，他們的老同志龍史塔夫博士說得最好——這位博士除了擁有專業知識外，還具有特殊的喜馬拉雅登山經驗。他本人曾經爬到海拔二萬三千呎上。他曾參與一九二二年聖母峰登山探險，登上二萬一千呎高的第三營，並認識諾頓與索默威爾；他深知他們處在什麼樣的條件下工作；一九二五年十二月，在英國登山協會的發言中，他說了這些話：「當諾頓、索默威爾和馬洛里出發到北坳營救那四名挑伕時，早就已經累垮了。第三營和第四營嚴厲的天候和粗活，已將他們蠶食殆盡。他們惟一的機會就是快回基地營休養生息一番。他們非但沒這麼做，還去從事了那極端險惡與危險的救人工作。那便是這整個計畫功虧一簣的首要原因。只要索默威爾能夠直接下山休息，他的喉嚨或許就會康復……諾頓的視覺重疊現象與他後來的雪盲完全無關：這是缺氧導致腦神經中樞失調而起的症狀。但我認為這並非純粹因為他們所處的海拔高度，而多半是由於他們幾個星期持續過度勞累所致，就像賽跑者在終點標暈過去那樣。正是他們所曾走過的路使得他們在這最後的衝刺中腳步慢了下來。他們在那麼嚴酷的條件下所做的事情，使我相信如果情況曾對他們有利一些，他們已經攀頂成功了。」

簡言之，除了風、雪和酷寒所帶來的一般苦楚之外，就是營救那四名挑伕這件事——這**額外**多嘗的苦頭——使得諾頓和索默威爾功虧一簣。

藉著這次營救行動，他們再次肯定了所有登山技術皆須引以為本的高貴同志愛；但也正因這項行動，他們失去了原本唾手可得的偉大功勳。

但至少他們成就了這一點：他們已向世人顯示了登上聖母峰的可行性。他們在那麼不利的狀況下所完成的事情，令人不再懷疑在正常情況下人類能夠爬上那山巔。他們所達到的高度，大約與干城章嘉山脈的峰頂同高——曾見過那座世界名山的人都知道，那是多麼驚人的高度。

***

聖母峰的登山者並不是為了觀賞風景而去登那座山。然而，我們這些不曾登上去的人的確會想知道上面的景觀如何。巧的是，諾頓和索默威爾兩人都是藝術家。他們怎麼說呢？不多。在那體力耗竭的情況下，他們不能夠有很深的情感，而那是欣賞美的必要條件。但他們的觀察仍然深具價值。

諾頓說：「從那偉大的高處看下來，景色相當令人失望。從二萬五千呎高的地方所望見的覆雪山頭、糾結其間的蜿蜒冰河，以及與每條冰河呈平行線、如同雪地車轍似的堆石，的確有某種程度的壯麗風華。但現在我們已經身處視線內最高山脈的上方，在我們下方的一切景物都變成在一個平面上，許多美麗的天際線都不見了。向北望過那偉大的西藏高原，雙眼極目所及皆是連綿不盡的矮小山脈，這樣看著，所有的距離感都消失了，直至天邊如小小牙齒般凸起的雪峰映入眼簾，才領悟眼見者是多麼迢遠的景物。那天，在這全世界大氣最清澈的地方，天氣極其晴朗，那些被地平線掩去的無限遙遠處的山峰，在我心中燃起了想像。」

索默威爾寫道：「從我們所到的最高點，其實應該說，在我們所走的一路上，所見景物之浩大與壯觀遠非言語所能形容。格重康峰和卓奧友峰這兩座世界級高山，都在我們腳下超過一千呎。在它們周圍，我們看見一個無可挑剔的尖峰之海──都是高山中之高山，也都是我們腳下的侏儒。聖母峰最精緻的衛星──普摩里峰的圓頂，不過是那重重相疊的浩瀚山陣中一個小小的點綴物。望過西藏高原，一條山脈在二百呎外閃著微光。這些景觀真是難以描摹，看著，只覺得自己是從世界之上，以幾乎是上帝的視野打量著俗世的一切。」

幾乎上帝的視野——索默威爾如是說。但如果他攀上了世界最高峰的峰頂呢？到目前為止，他只看到聖母峰的一面，而峰頂還在他頭上將近一千呎處。從峰頂，他就可以看到峰下四周的一切；他的視野就真的是上帝的視野了。那一刻，聖母峰謙卑地伏在他腳下，人相對於山的優越性就被確立了——渺小的人類，卻能表現得比高山還偉大！如果攀上了峰頂，他就能俯瞰他那既廣且遠的版圖——極目至印度高原及西藏高原之外，也可以沿著東、西方位眾多世界最高峰所串連起來的行列眺望。

這份榮耀，他本可贏得——大部分倚仗其他人的努力和同志們的忠心，但也由於他自己驚人獨立的奮鬥。在那世界錐頂上、在他辛苦贏得的榮耀中，他所見的視野必將激勵許多人在各個領域中攀登他們自己的巔峰。

這麼一個視野並未賦予諾頓和索默威爾，雖說他們很夠資格。他們與它失之交臂，只因他們曾為了伙伴而奮不顧身。但他們必曾一直懷著那份想望——自從他們行軍通過西藏時，聖母峰首度映入他們眼簾之際，他們就產生了那份想望；而這份想望，必曾持續扮演那推動他們努力向上的終極動力。

***

如今，既然那種榮耀永遠不可能歸諸他們了，他們必須鎩羽而歸了，那麼，他們感覺如何呢？很幸運地，那種使他們掙扎向上的能力呆滯下來的外在條件，現在也鈍化了他們失望的感覺。諾頓說，他理當寫下那種他應該會有的椎心失望之感，但他卻無法昧著良心說他當時有濃厚的那種感覺。曾有兩次，他必須在天氣宜人、成功將近的時刻撤退，但兩次他都不曾體驗在那當下應該有的情緒。對於這一點，他認為是海拔高度對心理造成的影響。「想去征服的野心和意志似乎呆滯下來；回身下山時，除了那向上爬的張力和奮鬥告終而感到放鬆之外，沒有什麼別的感覺。」

然而，那失望的感覺**還是來了**——就在同一天。他說，當他們回到北坳，馬洛里和歐岱爾歡迎他們的時候，「他們一直恭賀我們達到了估計為二萬八千呎的高度，但我們自己除了對自己的挫敗感到失望之外，並沒有其他感覺。」

他們感到失望，但並不遺憾做過這趟奮鬥。六月八日，索默威爾在基地營寫的信上說：

「就一般狀況而言，我們兩人可說都累癱了，但我們很慶幸曾擁有那麼好的天氣，以及與對手搏鬥的好機會。沒有什麼可以抱怨的。我們曾建立了幾個營區；挑伕們都表現良好。甚至在幾近二萬七千呎海拔的高度，我們也能睡著。我們曾有一個豪華的爬山日：幾乎沒有風，陽光燦爛。然而我們還是未能到達峰頂。所以我們沒有藉口——我們在一場公平的戰鬥中被打敗了；被山的高度和我們自己短促的呼吸打敗。

「但這次戰鬥是值得的；每一次都值得。」

【注釋】

1 巴巴利（Burberry's）：雨衣、防水棉布的商標名。——譯注

2 沙克爾頓（Shackleton）：愛爾蘭探險家，生於一八七四年，卒於一九二二年。二十七歲開始參加南極探險，曾開闢南極的冰川航行路線，並發現南極洲火山活動的證據。——譯注

第二十五章

馬洛里與厄文

現在我們回到馬洛里。當他被迫返回第五營時，憤怒在他的靈魂中燃燒。這份怒氣不是個別針對那些不能再隨他前進的挑伕，而是針對那整個情況：在最後天氣好轉、勝利在望之際，他卻不得不放棄目標往回走。但馬洛里心中是一點都不準備被打敗的。他將翻身重來，而且反彈得更高。登上聖母峰，是他義無反顧的決心；那不是他生命中的偶然事件，而是他的整個人生。或許他沒有索默威爾寬廣的胸懷，能夠把人帶在身邊，也沒有諾頓統領龐大探險團的能力，他只是更習慣且更適於在較小的探險團中，與少數幾位精挑細選出來的同伴共事，但他比任何人對這個**想法**更具有誓死的企圖心。如果說有誰能算是這探險團的靈魂，那就是馬洛里了。他並不僅是不屈不撓、非勝不休，也不純粹只是擁有堅強的征服意志，像藝術家的想像力不肯在作品完美呈現之前輕言罷休那樣。馬洛里本人就是「聖母峰精神」的化身。除非聖母峰將他扔了回來，否則，要他離開，就會如同要將他從他自己的本質連根拔起。

心中懷著新計畫的他，當天就路過第四營直下第三營，在那兒尋求使用氧氣登山的可行性。馬洛里從來不是用氧登山的熱心人士，但如果那是登上聖母峰的惟一手段，他就會用它。厄文也不是個用氧熱心者，而且曾私下告訴歐岱爾，他但願能不帶氧氣登上那最終金字塔。我們大部分人當然都會瞭解這種心情。馬洛里很可能也這麼覺得。但馬洛里必須考慮到這點：諾頓和索默威爾在這次探險中可能已經達到**無氧**登山的極致了。如果他們不能成功，那麼便須祭出最後手段，那就是**使用**氧氣。因此，一如他的一貫作風，他打定主意後就投入整個靈魂安排氧氣設備，準備再次攻上山頂。此次他所選的同伴是厄文，不是歐岱爾，是因為厄文對氧氣使用有信心，而歐岱爾沒有。另一個原因是厄文在機械裝置上面有天分，並曾在那些有瑕疵的器材上表現神奇的調整手藝——說是有瑕疵，是因為尚無一種裝置能貯藏高濃度的瓦斯，同時能禁得住印度平原和聖母峰之間溫度的劇烈變化而毋須調整。第三個，或許是最重要的一個原因，是：在那次兩人一組的登山行動中，厄文原先曾被分派為他的伙伴，他已將這樣的分組編織到自己的一些想法中，因而特意安排讓兩人真正組成一對，以創造一種精銳的「雙人精神」（esprit de pair）。

徵諸後續的經驗，我們不免要質疑使用氧氣是否為聰明之舉。那笨重的器材是行動上的一大障礙，況且，人類的水土適應能力後來經過證明，比當時所設想的大得多。已經慢慢適應高海拔環境的歐岱爾，後來又兩度爬到了二萬七千呎處——其中一次背了一套二十磅重的氧氣設備在身上，雖然他在二萬六千呎後發現氧氣幫不了多少忙而不再吸用。如果馬洛里帶的是歐岱爾，而且在那最後一次的嘗試中不使用氧氣，那麼便可以合理假設聖母峰峰頂已被攀登上去。因為歐岱爾並未像諾頓、索默威爾、馬洛里那樣經歷那場救援行動，或許正適於攀上峰頂。而馬洛里雖因從事那趟救援工作而精力大受影響，但身邊有一個精力充沛又有經驗的登山者，並知道已有人真正爬到二萬八千一百呎處（這對於攀頂的努力總是具有莫大助益），再加上他高昂的精神自我衝刺，他或許已跟著歐岱爾一路爬上去了。或者，如果歐岱爾和厄文兩人不用氧氣，也可以攀頂成功，因為厄文也未曾因參加那拚命的救援工作而耗損精力。

然而，這一切都是臆測。當馬洛里從事他的準備時，並不知道諾頓已到達二萬八千呎，也不知道歐岱爾適應得多麼好。到那時為止，他所知道的是：歐岱爾**不像**其他人適應得那麼好。因此到達峰頂的機會似乎繫於氧氣的使用。

六月三日，馬洛里和喬佛瑞・布魯士直接從第四營回到了第三營，並共同探究找到足夠挑伕運送氧氣設備到第六營的可行性。由於獲得休養，天氣又好，那些人健康都已大有改善，而且藉助於強有力的個人勸說，布魯士湊到了必需的人手。交涉事項正在進行時，厄文專心致力將氧氣設備安排妥當，使它們能有效運作。

在這個時候，歐岱爾正與哈熱德在第四營，而那位不知疲倦、意志堅強的照相師諾爾，則在海拔二萬三千呎的北峰上架起了他的攝影機，拍攝電影紀錄片。

六月三日，一切安排妥當，第二天，馬洛里和厄文再度與新挑伕爬上北坳。這兩位登山者使用氧氣，在短短兩個半小時內爬完了那段山路。他們對這樣的結果感到高興，但歐岱爾持比較懷疑的態度：厄文的喉嚨已因空氣冰冷而疼痛不堪，歐岱爾認為，使用氧氣顯然更增添了他的不適。

在北坳上，這對新的登山組合與支援隊伍會合起來了。這第四營的確已成為真正攻頂行動的高山前進基地。歐岱爾曾對它做過描述。它的特殊之處是：它搭在雪上，而不像其他的營區，甚至最高的營區，是搭在岩石上。它位在一面突出的冰架上，共有四頂帳篷：兩頂供英國人使用，兩頂供挑伕使用。這塊冰架是一塊萬年雪塊形成的棚狀物，最寬的地方達三十呎。它的西邊有一面高大的冰牆，擋住那不斷從西方吹來的寒風，形成了一個舒適的遮蔽處。沒有這道屏障的話，第四營絕無法在那兒撐那麼久。歐岱爾本人在那兒待了不下十一天——若考慮才幾年前甚至像杭特・瓦克曼（Dr Hunter

Workman）那樣的登山家還曾以為在二萬一千呎海拔上不可能睡覺，那麼這項事實便足夠引人注目了。

在這樣的海拔上，天氣狀況特別有意思。有兩天，當太陽溫度在正午為華氏一〇五度（攝氏四十度六），空氣的溫度卻只有二十九度（攝氏零下一度七）。歐岱爾懷疑空氣溫度是否曾高過冰點。雪很可能經由直接蒸發就消逝了。那裡一直非常乾燥、不穩固，從來不見流動的水。

歐岱爾本人似乎不曾蒙受這些試練的負面影響。他說，經過某種程度的適應，他的感官知覺確實相當正常，只有當他必須竭盡力氣去完成一件事的時候，他才會覺得「輕飄飄的，好像化為虛無般」。肯定地，高海拔效應對心智的影響是被誇大了，他想。心智過程的速度或許慢了下來，但它們的功能並未受到損傷。

就在六月四日，馬洛里和厄文從第三營抵達的第一天，諾頓與索默威爾從他們偉大的登高壯舉歸來。他們從所達到的最高處直接下來，不曾在第五營和第六營停留。索默威爾已幾乎因劇烈的痙攣而崩潰，而諾頓在那個晚上已完全雪盲。他們很失望——那是自然的，正如前面所說。但是，因為**僅僅**達到二萬八千一百呎而感到失望，可真是大大肯定了愛因斯坦的相對論了。才不過沒多久前，曾爬到諾頓和索默威爾下行五千呎後所在處的人，還被奉為英雄呢！

然而，事實的確是這樣的：他們不曾到達**山巔**，而馬洛里正懷著旺盛精力，準備做那最後的、絕望的一搏。諾頓完全同意這個決定，並「對人類不屈不撓、不顧惜那已然過度勞累的身軀，只要尚有一線機會就不承認失敗的這種精神而讚歎不已」。馬洛里這樣的意志力和緊繃的能量，使得諾頓認為他似乎完全可以勝任這趟任務。他們兩位意見不同之處，僅在於諾頓不認為他應該選厄文作為伙伴。厄文正飽受喉痛的折磨，而且並不像歐岱爾那樣是個有經驗的登山者。況且，歐岱爾雖然適應得很慢，卻已開始顯示他是個具有無比耐力和韌性的登山家。但是，馬洛里既已完成他的計畫，諾頓便十分恰當地不在這最後階段試圖干預。

六月五日，馬洛里與諾頓同在第四營停留，當時諾頓的眼睛正因雪盲而劇烈疼痛。六月六日，馬洛里就與厄文和四名挑伕出發了。誰知道他感覺如何呢？他當然很瞭解眼前的諸多危險，而他不慌不忙、愚勇十足地出發了。這是他第三度聖母峰探險；在第一次探險即將結束時，他寫道，那些最高的山嶽含著「一股可怕的、關乎生死的嚴峻氣象，使得比較聰明的人即使在攀頂的奮鬥即將奏捷之際，仍將為之三思、為之怖慄」；而在第二和第三次探險中，他充分體驗到聖母峰的嚴峻。

他清楚明白擺在面前的危險，而準備與之一搏。但他是個有憧憬、有想像力，同時又很勇敢大膽的人，他能夠看出成功攀上世界最高峰意味著什麼。聖母峰是地球物質力量的化身；為了與它抗衡，他得奮起人類的精神。如果他成功，他能看見同志們臉上的歡欣；他能夠想像他的成功將帶給所有登山伙伴的極度興奮、它將帶給英國的榮耀、將在全世界所引起的高度關注、將帶給他個人的名聲，以及因成就了自己的人生而為他帶來的永久滿足感。所有這一切必曾縈繞他的心頭。他在那較小規模的阿爾卑斯登山活動中，已領略過透頂的成功之樂；現在，在這崇偉的聖母峰上，歡樂將成為極樂——或許不是眼前，但稍後必會實現。也許他從未如此精確地描摹過這些，然而，他心中必曾閃過這個想法：「不是得到一切，就是什麼都不要」。對於這兩個抉擇：第三度認輸折返，或死，或許後者對馬洛里而言還比較容易。前一個選擇當中的苦惱，對於身為男子漢、登山家及藝術家的他，或許太難忍受了。

比較年輕又不若馬洛里有經驗的厄文，或許對自己所冒的風險沒有那麼敏銳的覺察。在另一方面，他較不能生動地看出成功對他的意義。但歐岱爾記述道，厄文並不比馬洛里缺乏「拚了」的決心。他一直有著「擊中山巔」的雄心壯志。現在，既然機會來了，他便以「幾乎孩子氣的熱心」迎向它。

就是在這麼一種心境中，這對登山者在六月六日早晨出發。已無視力的諾頓只能捏捏他們的手掌，感傷地祝他們好運。歐岱爾和哈熱德（當索默威爾下山後，他已從第三營上來這兒）為他們備妥了餐飲：炸沙丁魚和餅乾，以及充裕的熱茶和巧克力。八點四十分，他們上路了。他們的個人行李只包括調節妥當的供氧器材，連同兩支氧氣筒，以及一點其他的小件物品，如披風和當日的口糧，一共大約二十五磅重。八位和他們一道的挑伕帶著糧食、臥具和額外的氧氣筒，但並無給他們自己使用的供氧器材。

早晨天氣晴朗，下午天空有雲，傍晚則下了一點雪；但這並不嚴重。馬洛里的四名挑伕在傍晚從第五營回來，帶了一張字條，說上頭沒有風，一切看起來頗有希望。第二天，也就是六月七日早上，馬洛里一行人推進到第六營，歐岱爾則推進至第五營支援他們。當然，如果他能跟他們一起走，三人成行，那還要更好。三人一組是登山的理想組合，但那小小的帳篷卻只能容納兩人，並沒有足夠的挑伕能將第二頂帳篷帶上去。他僅能落後他們一天往上推進，扮演一種支援角色。

馬洛里和他的四名挑伕很容易地便在第六營安頓妥當。這又是諾頓和索默威爾所做工作深具價值的另一項證據。多虧**他們**曾經順利動員挑伕走上這二萬六千八百呎的營區，這回，和馬洛里同來的第二批挑伕來到這兒，便幾乎像是自然而然的了。這四名挑伕從此處被遣回，帶著傳給歐岱爾的字條說，天氣十分有利於工作，惟獨供氧設備卻是登高時令人討厭的負擔。

那個晚上當歐岱爾在第五營從他的帳篷朝外望，天氣可說非常理想。他思忖著馬洛里和厄文將滿懷希望入睡。終於，勝利好像即將在握。

後來發生的事，我們所知甚少。或許由於氧氣設備出了某種差錯需要調整，或許由於什麼其他原因，他們的出發必定延遲了，因為當尾隨在後的歐岱爾在午後十二點半看見他們的時候，他們才剛剛到達第二個岩石階，而根據馬洛里的時間表，他最遲應該在上午八點就到達的。此外，天氣並不像前一個晚上所應許的那麼好。有許多靄霧環繞著山巒。馬洛里和厄文所在的高處天氣應該比較好，因為歐岱爾從下往上望時，注意到上方的霧氣是發亮的。但靄霧還是多到足以阻止歐岱爾繼續追蹤山上那兩位登山者的身影；透過那漂浮的霧氣，他僅僅又看見他們一次。

當他到達大約二萬六千呎高的一道小峭壁上方時，頭上的雲霧忽地廓然一清。雲分開了，整個聖母峰頂部山稜及那最終金字塔一覽無遺。在遠處，一道雪坡上，他注意到一個小小的東西在移動，向那岩質梯板靠近，第二個東西跟在後面。然後，第一個東西爬上那階梯的頂部。當他站在那兒專注凝望這戲劇性一幕時，靄霧再度聚攏，遮蔽住那場景。這是馬洛里和厄文最後一次被人看見。此後，一切成謎。

第二十六章

歐代爾

歐岱爾的行動現在必須記載下來。他的行動是相當戲劇性的。他的角色就是支援馬洛里和厄文。在他們離開北坳的次日，他也帶著一名挑伕離開北坳，爬上了第五營——這個營他曾在一次白日的行程中到過，然後與哈熱德一同離開。現在，因為與他同來的挑伕患著高山症，顯然無法在次日效命，而因為馬洛里從第六營遣下的四名挑伕在那天下午到來，歐岱爾便讓他們將他帶下山去。

於是，歐岱爾完完全全獨自一人待在這令人毛骨悚然的小小營區裡，在二萬五千三百呎的海拔上。無人曾有這樣的經驗，而這正是我們要詳細敘述的。如前所述，那個傍晚天色甚佳，四下眺望，所見景色令人印象深刻。向西望去，是一座由群峰構成的狂野叢林，從絨布冰河拔起，向上傲然挺立，極高者為二六八六七呎的壯麗卓奧友峰，以及二六〇九〇呎的格重康。它們都沐浴在濃淡不等的最細緻粉紅和黃色調中。正對面，是北峰瘦削而令人生畏的絕壁，其巨大的金字塔形岩質結構看起來如此逼近，增添了它與遠處地平線之間的距離感，而它暗沉沉的巨軀更使遠處北面地平線上的一些山峰，在對比下呈現蛋白石色澤。向東望去，一百哩之外浮在稀薄空氣中的，是干城章嘉覆雪的山頭，靠近一些的，是姜喀山脈（Gyangkar Range）變化多端的輪廓。

歐岱爾曾單獨爬過許多山頭，親眼見過的落日景觀不在少數，但這一次，他說，是所有經驗中最為超絕的一次。

我們大可相信他的話。他正處在地球上最令人肅然起敬的地域中央，在上帝幾將出現之處。現在揭示給他的，是力量和尊嚴，是純潔、肅穆以及這塵世巨靈的莊嚴和崇高。既是獨自一人，又臨到這場偉大探險的最高潮，他必定處在最容易留下印象的狀態中，雖然這些印象得日後身處平靜才能察覺。

如果日落是如此令人感動，那麼，夜的肅敬和莊嚴的靜止，以及液體似的藍空中，眾星的光彩溢目必也同樣令人難忘。

接著是黎明：太陽最新鮮的一道光彩，漸漸增強其色度，帶著像酒般透明細緻的色調，在山尖上刷出第一道光暈、液體似的天空隨而轉為最最清澈的天藍！

曾有一人像歐岱爾這樣獨享過這樣的特權嗎？此際所見，將使他終身處於狂喜狀態。

第二天，他在黎明之際起身。那決定勝負的偉大日子到了。他花了兩個鐘頭準備早餐，穿上靴子——在那種高度上，這些事情都需要巨大的努力。到了八點，他背上背包，出發上路，背包中裝著糧食，以防第六營缺糧，然後便孤獨地爬上第五營後面那覆蓋著冰雪的陡坡，直上主山脊的頂端。諾頓和索默威爾先前所走的是不同的路徑；他們的路徑是傾斜地沿著山面走，一直保持在山脊下方，但歐岱爾所走的這條路，可能就是馬洛里所走的路。天氣晴朗的時候，從那裡可以望見一片鋪展至大吉嶺後虎丘（Tiger Hill）的壯麗景觀，但歐岱爾可能沒見到這景觀，因為他說，在清晨較早時天氣雖很晴朗，也沒有冷到不尋常的地步，但如今一層層霧氣開始形成，掃過整個廣大山面。所幸，對他，以及在他之上二千呎的馬洛里與厄文而言，風力並沒有增強，而且跡象顯示，甚至那些雲霧可能只侷限於山的下半部。所以歐岱爾毫不疑慮馬洛里等兩人從第六營出發後的進度。風很輕，應該不會阻礙他們沿著山稜前進的速度。他估計馬洛里和厄文已經走上通往那終極金字塔的最後一段路程。

歐岱爾自己的計畫並不是順著山脊走，而是想找出一條比較迂迴的路線跨越北壁。身為地理學家的他，想查驗這座山的地理結構。他發現它較低的部分是由各種不同的片麻岩構成，但它的上半部較大的部分主要是變異度很高的石灰岩，到處間雜著少量輕花崗岩；它們劃過其他地層，或與其他地層交相重疊。對於非專業人士而言，這項陳述的主要意義在於：聖母峰從前必曾浸在海中——這又意外揭示了它蘊藏巨大能量的事實。

歐岱爾寫道：「這整個山系的坡度，以三十度向外伸出，而因為自二萬五千呎以上，這個山面的大致坡度約為四十度至四十五度，這便造成一系列幾乎與坡道平行的一層層岩板，並呈現出許多高過五十呎的小山面，它們可經由很容易爬但比較陡的路徑跨越，但大部分都可完全繞行通過。整個看起來，這些岩石在結構上並不脆弱，因為它們曾經由熔合的過程併入了花崗岩，而增加了相當的硬度。但這些岩板上面常積有上方灑下來的小碎石；一旦碎石中又摻雜了新降白雪，在這種海拔上爬這樣的坡，所費的力和所受的苦便不難想像了。技術上倒沒什麼困難，只是落腳處不確定，而且坡度尚未陡到足夠適於用手抓地，使得行進頗為狼狽困窘。」

歐岱爾就是在這最高兩營之間的半途上，捕捉到馬洛里和厄文的最後身影。在時間已遲之際，他們竟然還距離峰頂那麼遠，著實令他驚訝。他一邊思索著箇中緣故，一邊繼續往第六營走。大約兩點，他到達第六營時，雪開始降下來，風力也增強了。他將他那裝有新鮮口糧等物品的綑包放置在那小小的帳篷中，並在裡面躲了一會兒。帳篷中是各色備用衣服，外加殘餘的食物、兩只睡袋、氧氣筒及氧氣設備零件。帳篷外是更多的氧氣設備，以及鋁合金搬運裝置的零件。但那兩位登山者並未留下隻字片語，所以歐岱爾無法得知他們出發的時間，或引發遲延的因素。

雪繼續下著，一會兒後，歐岱爾開始疑惑上面的天氣狀況為何沒有強迫那兩個人回來。第六營，也就是這個小小的帳篷，位在一片岩架上較為隱蔽之處，並有一小片絕壁從後面挺著它。在一般情況下，返回此營的登山隊伍可能要經過一番周折才找得到它。所以歐岱爾便走出帳篷，向山巔走去，匍匐上行了大約二百呎後，他開始又吹口哨又大聲喊叫，以期萬一他們兩人走進這些聲音的傳播範圍內時可以聽見。然後，他在一顆岩石後面躲避隨風襲來的冰雹。由於大氣密度濃厚，他能見的範圍不過數碼遠。為了設法忘記寒冷，他細細察看周邊的岩石。但是，在那伴雪而來的刺骨疾風中，就連他對地質學的狂熱也開始冷卻了，過了不到一個小時，他便決定返身。設若馬洛里和厄文也在折返的路途上，在這種天氣狀況下，即使他呼喚他們，他們也不會聽見。

當他回到了第六營，暴風雪已經過了，不久，整個北壁都沐浴在陽光中，連最高的崖壁都能看得一清二楚。但是，那兩位登山者卻杳無蹤影。

歐岱爾現在陷入了尷尬的窘境中。他全心全意希望能待在原處，或甚至再往上走，去會見他的朋友們。但馬洛里在他最後一張字條中，曾特別交代他返回北坳，準備騰空第四營，在同一個晚上與他和厄文一同走下到第三營，以免季節雨突然爆發。歐岱爾之所以必須義無反顧地往回走，原因在於第六營只不過是一頂小帳篷，容不下兩個以上的人。如果他留下來，就必須露宿在外。而露宿於二萬七千呎的海拔上，只意味一件事情。

因此，儘管很不情願，歐岱爾還是不得不按照馬洛里的願望去做。他取了些微食物，留下一大堆給他們兩人，便將帳篷入口繫上，在大約四點三十分時離開此營區，沿著東北脊的最高稜線往下走。他不時停下來，往上看看上方的岩塊，試圖找到那兩位登山者的蹤影。但他的搜尋徒勞無功。到了那個時刻，他們應該已經走在歸途上了，但即使他們真的在歸途上，隔著那麼遠的距離，又襯著那麼錯綜複雜的背景，也很難認出他們——除非他們正走過一片稀有的雪地，就像那天早上那樣，或者正走在山稜上，將身影凸顯出來。到了六點十五分，他走到與第五營同高的地方，但因沒有理由走到它近旁便繼續往下走；此時，他饒富興味地發現：在很高的海拔上走下坡路，比起在低些的海拔上，並不需要多花太多精力。這給了他一項信心：除非上面那兩位登山者體力完全耗竭，否則他們將發現下坡路走起來比他們料想中快，因而可以不用在入夜後趕路。藉著制動滑降[1]，歐岱爾在第五和第四營之間只花了三十五分鐘。

在第四營，哈熱德以一鍋很棒的熱湯和充足的茶飲來歡迎他。恢復精神後，這兩個人再度外出尋找馬洛里和厄文。夜色很澄澈，他們守望至深夜，仍然一無所獲。他們臆測那兩位登山者必定因故延遲了；他們盼望：在四周山峰反射過來的月光中，他們能夠找到路，摸到任何一處較高的營區。

第二天，也就是六月九日，一大早，歐岱爾以他的雙筒望眼鏡徹底搜尋那兩處小營區，但沒見到任何動靜。由於極度的焦慮，他決定再度回到山上。他與哈熱德約定了一種信號：白天以睡袋鋪在雪上，晚上則以簡單的手電筒閃光示意。經過一番周折，他勸服了兩名挑伕與他同往；到了十二點十五分，他們出發上路。在上行的路途中，他遭遇了從西邊吹來的刺骨逆風，那風幾乎沒有停過，兩名挑伕被吹得顫抖不停。但他在大約三點半時抵達了第五營。他必須在那兒過夜，因為他不可能在當天晚上爬到更高的營區了。正如他所預料，沒有馬洛里和厄文的半點蹤影；展望前景，一片黑暗。

那個晚上天氣也很淒慘。狂暴的陣風颳過山面，威脅著要將那兩頂小帳篷從它們薄弱的岩架庇護所上連根拔起，將人和帳篷一起扔到山腳。透過飛雲，暴風雨中的落日若隱若現。入夜後，風力和寒氣雙雙增強。寒氣經由風的作用，凜冽到令歐岱爾無法成眠，即使穿上所有衣服裹在兩只睡袋中，仍然徹夜發抖。

破曉時分，勁風持續著，寒氣也依然刺骨，兩名挑伕拒絕起身。他們似乎睏倦到極點，甚至噁心想吐，表現出來的訊息只有：病了，想下山去。看來，在這種暴風中繼續往上爬，是他們無法勝任的事情了。歐岱爾惟一能做的，便是將他們遣回，隻身向上挺進。

看著兩位挑伕安然上路後，歐岱爾自己便出發走向第六營。這一次他帶著氧氣。他在帳篷中發現了他在兩天前帶上來的氧氣設備，現在便攜帶著上路，但只背了一支氧氣筒。他對使用氧氣沒多少信心，但現在他希望藉著氧氣能夠上行得快些。然而，在這一點上，他失望了。狂暴刺骨的風持恆從西邊吹來，橫越山脊，給人極端的試煉，走在其中他只能有些許的進度。為了重新獲得些暖氣，他不時躲在岩石後面，或蹲在凹處。然而，走了大約一個鐘頭，他發現氧氣不曾給他什麼好處。他想，這或許由於他的吸入法較為和緩，於是他改做深長的吸入。不過，效果仍然微不足道——或許稍稍緩解了他的腿痠。他的適應力太好了，以致不需要用氧，於是，他便將它關掉了。他決定將那套設備背在背上繼續前進，但不在兩唇間銜著那討厭的吸嘴，而直接在大氣中呼吸。他似乎上行得很好，雖然他的呼吸速率就連長跑選手都要為之驚異。

如此繼續上行，他終於到達第六營。那兒一切都與他離去時沒有兩樣，沒有半點馬洛里和厄文的訊息。那麼，他們已經死在山上是無可置疑的了。

問題是：他們如何死去？死於何時？又他們死前是否曾爬上峰頂？懷著利用有限時間找到他們的蹤影這種既飄渺又煎熬的渴望，歐岱爾丟下了氧氣設備，立刻沿著馬洛里和厄文下山可能行走的路徑前行——那就是山脊的頂部，也就是他們最後一次被他瞧見時所在的地方。但聖母峰正在展現它最嚴厲的一面。一團黑暗的大氣隱去它的頭角崢嶸，一陣勁風馳過它嚴酷的臉。持續奮鬥了數小時，徒勞尋覓任何可能的線索之後，他終於明白，要在如此廣袤的重岩疊嶂之間找到他們兩人的蹤跡，可能性是多麼微小。想更廣泛搜索那終極金字塔，必須組成一支隊伍才行。在可用的時間當中，他是不可能再做進一步搜尋了。萬般不願地，他返身回到第六營。

趁著風勢暫時減弱，他奮力將兩只睡袋拖出帳篷，拉上營地後方那險峻的岩塊，直到岩塊上方一處鋪著雪的陡峭斷崖上。風仍是那麼狂暴，他必須拚了所有力氣鑿出步階，才能將那兩只睡袋放上去。他將它們放置成T型，作為訊號通知在他下方四千呎處的人說：無法找到同志的蹤跡。

發出這項悲哀的訊號之後，歐岱爾回到帳篷中，取走馬洛里的羅盤及厄文設計的氧氣組——這似乎是值得帶走的僅有兩件物品。最後，他將帳篷繫上，準備下山。

但出發前，他向上望望那龐大的山尖，不時地，它施恩似揭露了它那籠罩在烏雲中的崢嶸面貌。它好似在冷淡地俯視他這微不足道的人；他乞求它透露一點他朋友的行蹤，它則報以嘲弄的咆哮。然而，當他再度投之以凝視，似乎有另一種情愫爬過它那索人魂魄的臉龐。那高聳入雲的幽靈，似有某種極為誘人處。他幾乎被蠱惑了。於是，他明白，任何登山者都會被如此蠱惑；他也明白，只要爬近了山巔的人，必將被帶著繼續走上去，無視任何困難和障礙，一心只想到達那最神聖、最高的地方。

歐岱爾覺得他的朋友們必曾如此被施了魔法；要不然，還有什麼事能教他們耽擱不回呢？或許山的蠱惑就是這個謎團的答案了。偉大的山邀人前來，也將人棄絕。人越接近山巔，吸引的強度便越大。山會吸出他最後一股能量，沒收他最後一束勇氣的火苗，以免被他的不屈不撓征服。它會逼出他的偉大，讓他一點一滴演出自己的極致。正是為了這個特別的原因，他交出了他的魂魄：它則讓他成就了最佳的自己。

這座山很不像這世上的其他事物。它存在的奧秘之一是：其最恐怖、最可怕至極之處，非但沒有使人裹足，反而招人前往，去赴他短暫（或許短暫）的苦難，但最終是強烈的歡喜，而這種強烈的歡喜非經過一番冒險，是絕對體驗不到的。

歐岱爾本人顯然曾被如此吸引，而且要不是顧慮可能引起同伴的焦慮，他那天晚上就會留下來，於翌日清晨向山頂衝刺。誰知道他不會抵達峰頂呢？畢竟他是曾在那高度上的人當中最強健的一位。

然而，事情並不是要這樣進行，於是他再度出發下山。他配上了笨手笨腳的氧氣設備，蹣跚地行進——他並不需要用氧，只是想重溫亡友的情誼。在那似乎要將他徹底穿透的猛烈暴風中，他必須全神貫注地越過那一層層伸出的岩板，避免在灑落其上的碎岩屑上滑跤。東邊再往下是比較平緩的路面，他加快了進程，但不時必須躲進岩石之間的背風處尋求庇護，並檢查自己有無凍傷的症狀。最後他到達了北坳營，看見了諾頓所留的字條，鬆了一口氣，並慶幸自己準確預測了諾頓因季節雨迫在眉睫不要他在山上久留的意向。他或許可能爬到山頂，但暴風雨也可能阻擋他生還。現在已沒有人在後面做奧援了，如果他爬上去，可能只是在那已然沉重的傷亡名單上再添一個名字而已。

除了回來，他什麼都不能做——這是他對同志們應盡的義務。但那勾人魂魄的山巔，總在他心頭縈繞不去。他究竟能否攀上世界最高峰？這個問題將永遠盤據他心頭，令他反覆推敲臆測不已。

【注釋】

1 制動滑降（glissade）：一種登山技術，即：以冰斧平衡身軀，順著覆雪往下滑。——譯注

第二十七章

大謎團

一個很大的問號留了下來：馬洛里和厄文是否到達了峰頂？

當他們最後一次被歐岱爾看見的時候，時間上已相當落後了。當時是十二點五十分，而他們距離峰頂至少還有八百呎，或一千呎。歐岱爾並不十分確定他在哪個地點看見他們。那只是透過翻騰雲霧的間隙所獲的匆匆一瞥。在一條山脊的凹凸不平的稜線上，位置並不容易確定。但無論如何，他們當時所在的地方，遠低於馬洛里早先預期應到達的地方。事實上，他自己曾經期望到了那個時候他已登上了山巔。

那麼我們首先就必須探討他們延遲的原因，看看其中是否有讓我們可以認定他們到不了山頂的因素。歐岱爾曾徹底探討過這件事情。首先，大家會想起來：馬洛里試圖攀上峰頂那天，天氣不像諾頓與索默威爾做最高衝刺那天那麼好，而是暴風夾著密雲。歐岱爾在他們下方二千呎，就已遭遇到狂暴的風、刺骨的冷及濃密的霧。當靄霧暫時散開，讓他可以清楚看見那山尖時，他注意到，在接近最高山脊的岩石上，覆蓋了相當數量新降的雪。這可能是他們延遲的原因之一。另一個原因可能是氧氣設備的重量。馬洛里留在第六營的最後一紙留言中，曾咒罵這登山途中討厭的負擔。事實上他用的字眼比髒話還激烈。背負這種笨重的器材，走過那覆著碎石和細雪的岩板可能會遭遇很多困難。再者，氧氣設備本身可能需要修理或調整，無論這是發生在離開第六營之前或之後，都很可能耽誤了他們的時間。同時，雖不太可能，但可以想見的一點就是，歐岱爾所遭遇的雲霧，可能擴張到他們所處的海拔上，因而妨礙了他們的進度。

可能是這些因素中的一個或全部妨礙了他們，使得他們無法及時爬到更高的地方，歐岱爾表示。但當他看見他們的時候，「他們正敏捷地移動著，好像企圖將失去的時間追回似的」。「敏捷」一詞，特別值得注意。

結果便是：十二點五十分時，他們距離峰頂八百或一千呎。最遲四點他們便應該到達山頂，如此才能有充分的時間安全返回營區。馬洛里和諾頓都同意這一點。他們能在三個小時內爬上那個高度嗎？

那將意指：從歐岱爾看見他們的地方開始，他們必須以每小時三百呎左右的速率上行。諾頓和索默威爾在沒有使用氧氣的情況下，未曾達到這個速率。從第六營到他們所曾到達的最高點，他們的上行速率僅達每小時二〇五呎。但如果他們使用氧氣的話，可能進度會快些，而且，正如我們曾注意到的，當歐岱爾瞧見他們的時候，他們正敏捷地往上走著，因此，每小時三百呎的速率是可以指望的，比這還快的速度也有可能。

但他們是否有可能在走向峰頂的途中遭逢某種嚴重的障礙，而在最後一刻功敗垂成？這似乎不太可能。如果一定要說有的話，歐岱爾認為只有兩個地方會引起麻煩。第一個，就是本次探險團所稱的「第二台階」之處。此處看起來很陡，但可以從它的北面跨越過去。另一個可能造成困難的地方，便是那終極金字塔的基部——此處有岩板突出，必須先越過這些岩板才能走上那些看起來比較平緩的、導向峰頂的山坡。諾頓早先曾說過，這個地點需要特別小心才行。但是，正如歐岱爾所言，這個地點的困難仍是相當和緩的，不可能讓馬洛里這種經驗豐富、技術精良的登山領袖耽擱太多時間，更不可能將他打敗。所以，並沒有什麼實質上的障礙能夠阻擋他們爬上峰頂。

當然，氧氣設備也可能會出錯，從而使他們的速率降到諾頓和索默威爾的速率。但歐岱爾認為，停用氧氣也不可能造成他們全面崩潰：當他自己使用氧氣從第五營走到第六營時，曾在大約二萬六千呎處將氧氣關掉，繼續走上去，然後，不用氧氣就下山。馬洛里和厄文僅使用很少量的氧氣，而且在那之前的幾個星期中，曾花很多時間在極端高度的海拔上，也就是二萬一千呎以上的地方，以便充分調適，所以不太可能因為氧氣出了問題而敗下陣來。

其餘可能阻止他們爬上山頂的原因，便是意外事故。即使最有經驗的登山家，也可能滑跤。據他自己觀察，在山頂附近的岩石上，也就是他們最後一次被瞧見的地方，這以繩索相縛的兩人組，如果有一個嚴重滑跤，便將招致兩人同時毀滅。而在最具關鍵性的那一天，這些傾斜的岩板上都厚厚覆著一層新降的雪，使得滑跤的可能性大幅提高。

可能這些原因，全部或其一，阻斷了馬洛里和厄文的登頂之路；但也可能它們不曾阻斷他們登上峰頂，只是阻止他們安全返回第六營。他們可能曾站上了峰頂，卻在回程中遇難。諾頓以及所有其他團員，除了歐岱爾之外，都認為是滑跤使那兩人未能功成身退。但滑跤也可能發生在下山途中。在下山途中滑跤是比較可能的，因為那時候他們體力更虛，但移動更快，或許由於意氣風發，稍稍比上山時大意一些。

他們甚至可能在四點以後才到達峰頂。根據諾頓的說法，在山下的時候，馬洛里曾表明這項決心：「無論多麼接近峰頂，都要在最佳時機回頭，以確保回程安全。」因為他知道身為團隊領袖者負有這樣的重任。

「**無論多麼接近峰頂！**」但馬洛里可曾正確估計過那山頭的魅力？他很明白聖母峰如何擅長於抗拒，但他同樣明白它如何擅長於吸引嗎？他可曾正確估算過在近距離內，他對那峰頂的魅力的感受性？不妨設想他已登上那終極金字塔的塔尖，也不妨設想他距離那塔尖只有一百呎高度，不到二百碼的行路距離，此時，他看看錶，是下午四點，他會收起錶往回走嗎？即使他本人擁有超人的自制力，可他那年輕的隊友也能如此自制嗎？會不會厄文曾這麼說道：「我才不在乎會發生什麼事。我要痛痛快快地走上去。」那麼一來，馬洛里還能把持得住嗎？會不會他寧願以一種歡欣的鬆弛將自己豁了出去？

這的確是某些人對這件事的看法，歐岱爾便如此認為，因為他本人曾走到那山頂的誘惑力發散範圍內，所以他認為他的朋友們必定曾被它蠱惑。他談起馬洛里，說：「一旦投入了行動，他征服的慾望或許就變得太強了。他深知他自己和他的伙伴有著公認的強大耐力，或許就是這一點驅使他對那山頭大膽出擊……。而我們這些人當中，曾頂著暴風與阿爾卑斯巨峰角力，或曾在山區與黑夜賽跑的人，又難道能夠在如此輝煌的勝利唾手可得之際毅然放棄？」

所以歐岱爾認為，馬洛里和厄文很可能已經成功——他們抵達了峰頂，但在回程中走入了黑夜。

人們可能會納悶，為何在那種情況下，他們不使用隨身攜帶的信號燈呢？但他們可能忘了他們身上有這東西；或者沒想到要用它；更可能的是，他們基於騎士精神，不打信號燈求援。他們必定知道，信號一發，只會把歐岱爾再度拖到二萬七千呎的高處，再往上，則必死無疑。沒有人能夠及時趕上去發揮效用。不——他們已盡了最大的努力，無論是否生還，人們都將確定他們已鞠躬盡瘁。他們死去時，必定懷有這樣的自信。

他們死於何時、何處，我們不知道，但他們將永遠躺在聖母峰的臂彎裡——躺在比先前任何人葬身處都要高出一萬呎的地方。聖母峰誠然征服了他們的肉身，但他們的精神不會死亡。從今以後，凡攀登喜馬拉雅眾高山的人，都將想到馬洛里和厄文。

第二十八章

榮耀

這悲劇性消息立刻傳遍全世界，並到處激起同情。英王致函兩位登山者的家屬及探險團，表達慰問之意，並請聖母峰委員會的一名成員提供給他所有能夠取得的詳情。國王陛下特別想知道意外是如何發生的，因為一開始，大家都設想是一樁意外事故導致兩位登山者喪生。一開始，諾頓只發出一封簡短的電報，接著才又發出一封內容詳盡的電文。最後一番攀頂嘗試的種種，沒有人知道，大部分人都假設馬洛里和厄文是在山上出了事而喪生——地點可能是危險的北坳。

第二封電報讓人有寬慰之感——幾乎是勝利的感覺，因為諾頓在電文中說那兩位登山者幾乎到達了峰頂，而且他本人和索默威爾也超越了二萬八千呎。馬洛里和厄文並非平白犧牲了生命；他們創造了某種值得記憶的東西。

同情和慰問的信函從世界各地的登山團體寄到英國登山協會和英國皇家地理學會。悼念的儀式在伯肯黑德（Birkenhead）舉行，因為那個地方恰好是馬洛里和厄文兩人共同的家鄉；另外，劍橋大學的馬格德蓮學院（Magdalene College）及牛津大學的梅爾頓學院（Merton College）也都舉行了追悼會。最重要的是探險團歸國之後，在聖彼得大教堂舉行了一場由道格拉斯・佛瑞斯菲所發起的全國性追思禮拜。

在這場追思禮拜中，亞歷山大國王與王后、威爾斯王子、約克郡公爵和康諾特（Connaught）的亞瑟王子都派了代表。布魯士將軍、諾頓上校、三次探險幾乎所有團員、英國皇家地理學會的主席與大部分評議委員，以及英國登山協會的委員及大部分成員，都到場了。另外，也有一大群民眾參加了這集會。聖彼得大教堂的祭司長親自誦念禮拜經文。應聖母峰委員會的特別要求，馬洛里的牧師父親所屬管區的切斯特大主教帕吉特博士（Dr. Paget）發表了一場演說。

參與這些探險的人及負責籌畫的人，其所思、所感，被大主教生動地說出來了。其演說稿被收錄在一九二四年十二月分的《地理月刊》（*Geographal Journal*）上，在此可以重溫一遍。他以這一句《聖經》經文作為開場白：「在誰心中有你的路」，然後說道：

「毫無疑問地，很多人知道在拉丁文版的《詩篇》中，Ascenions in corde suo disposuit這句話是什麼意思——這句話的拉丁文比英文還更常被使用，也被更多基督教徒所熟悉。如果一定要以我們的語言說出來，那就是：他已決心向上走。

「這詩篇作者所意謂的，是既不陡峭又不危險的爬山路程。那路程頂多只是漫長而沉悶，對於住所距離神的聖殿較遠的恬靜靈魂而言，這算是有點冒險的事業。但那條路會帶著他向上走，會引導他走到他渴望到達的地方。無論在回憶或展望中，那條路都是他所珍愛的。他已在它上面安了心；他愛那向上的路徑。這是他不變的真情。

Asceniones in corde suo disposuit（他已決心向上走）。

「與平易的朝聖之旅大不相同的，是那崇山峻嶺的挑戰——今天在場的人當中，就有許多人因它而團結成親密的伙伴。諸位了不得的一致性，對諸位在這神的屋子裡舉行的聚會賦予了重大的意義，因為高山的愛好者組成的團體，其成員間的關係，比起其他團體成員間的關係，來得更親、更緊密相關、更摯愛彼此。你們在今晚的大集會之前能在教堂裡，在神的面前，憶念那名字燙金銘刻在你們的紀錄簿上的亡友，是非常自然，非常美好的。

「我們這些膽小的平地步行者無法假裝瞭解你們對高山的喜愛。但如果從遠方，從低得可憐之處，我們也能俯視諸峰，知道雪地的寂靜，能有寬宏的視野、體驗在銳利空氣中呼吸的爽快，並得以見到天空中完美的青藍色（以諸位的善良，一定肯相信連位處卑下者也能呼吸高山的靈氣），還有人會為了高山對那真正登山者如此具有魅力而感到奇怪嗎？還有人會因為你們對極高處如此一往情深而感到不解嗎？Asceniones in corde suo disposuit.（他已決心向上走）——這句話毋寧是英國登山協會的箴言？

「只因他們兩位都是我國的同胞，又都來自切斯特教區，我才受邀發言。算起來，我還勉強可以代表他們的家庭以及最摯愛他們的人在這裡講幾句話。我深信，我所代表的人，都非常瞭解、非常看重諸位的到場和心意。他們都非常感激諸位。我曾請他們告訴我一些他們的傑出子弟童年和早年的事情。從那一樁樁故事當中，都看得到他們那種恬靜謙遜的力量、無限的堅毅、對家人偉大而溫存的愛、透明般純潔的心地，還有那使得父母親非常感激、非常驕傲的深刻而單純的事情。我但願諸位曾參加我們在伯肯黑德的集會；那兒離他們的家比較近。那場集會雖然不比這場堂皇盛大，其隆重卻不下於此，其用意在向他們及他們的家人表達大家的愛。

「那些滿懷著愛寫成的祭文，是那麼含蓄而富有說服力。我們讀了，便不難預知將在溫徹斯特、什魯斯伯里（Shrewsbury）、劍橋及牛津，接著在阿爾卑斯山、在斯匹茲卑爾根，最終在聖母峰舉辦的追悼會，會是何等感人。以穿不透的謙遜外表遮掩其優秀領袖特質的、當災難發生時堅持負起責任的、全憑其不可思議的心思救了他人性命而從不居功的，是同一個喬治・馬洛里；他提醒我們，在那樣的事情當中，我們都是同志！是的，安德魯・厄文也是如此：儘管他聰明得令人驚訝，又在登山界少年得志，當他必須去做最卑微的工作，或必須以他巨大的體力去扛起別人的重負時，仍笑開了嘴。

Ascensiones in corde suo disposuit.（他已決心向上走）。難道只是對高山的愛，就足以讓他們下這個決心？不；毋寧說：伴隨著高山之愛的，是靈性的高升，是勇氣、無私及好心性的極致；這些，不見得步伐穩當、頭腦清楚就上得去，還要加上慈悲、友愛，以及純良的心。

「因為登聖母峰的紀錄的確對人類大有助益——若未能幫助人去感覺到山的奧秘，至少也將幫助他們更深、更虔敬地融入登山家的精神。

「我們滿心感激探險團告訴我們探險途中的種種、他們的攻堅行動、他們偉大的成就，以及那些絕美的照片。這些全人類的紀錄、全人類的文獻，今天就在這聖彼得大教堂內向我們做最清楚的訴說與呈現。那種熄滅不了的興高采烈、那種不可思議的勇氣、那種工作的熱忱、那種對讚美的推辭！你們的確已將『昇天』[1]的想法植入我們心中：你們幫大家看見那上面的景物——幫助得比你們所設想的還多。任何真實、高貴、公正、純真、可愛，以及有好口碑的事物……，如果任何男子漢的美德，如果任何讚頌之辭都算得上的話，你們已幫大家朝那上面去想了。

「喬治．馬洛里、安德魯．厄文，在世時是那麼可愛而愉快，死後也不會和我們分離。

「似乎上帝雖有意要我們學習，但又常常將祂藉以教我們的簡單、肅穆的美包藏起來，而那種美又是難以拒卻的。喏，就在這兒！雲暫時散開，你們得以看見他們兩人正穩健地向山巔走去。那是你們對他們的最後一瞥，而他們是否爬上了山巔，則仍是個未解之謎。這個謎總有一天會解開的。無情的山，默不作答。

「但那最後的上行，帶著那偉大謎團的神秘之美，所彰顯的卻不僅是登山者的英雄氣概，即使他們是登向全世界最高的山巔——於是，向眾星走去吧！

「你將會怎麼想：當那君王般的靈魂是藉著這段上行之路去到主的住所；當這段上行之路是穿透死亡達到永生；當這段上行之路是讓雙手乾淨心地純潔的人去到上主的山丘，登上祂的聖殿；當走這上行之路的人這麼說：『我先去為你們準備一個地方，因為我所在之處或許你也將來。』

高貴的意圖必將以高貴的效果收場，
高貴地躺下，
拋下他們——比世人所料還要更高貴地
活和死。
因為那些在高處安了心的人，的的確確是始於力量、終於力量。」

***

在同一天，也就是十月十七日，聖彼得大教堂舉行追思禮拜的那一天，英國皇家地理學會及英國登山協會也在晚間假艾伯特廳（Albert Hall）聯合舉辦了一次集會，由英國皇家地理學會的前任主席羅納雪大人主持；布魯士將軍、諾頓、歐岱爾和喬佛瑞·布魯士都發表了演說。大廳裡擠滿了人；那些未能參加上午追思禮拜的人，可以來此獻上他們的讚美和敬意；羅納雪大人請求大家靜默起立，藉以表示尊敬之意。

***

英國就是這樣來榮耀她的子弟。

馬洛里只是劍橋大學的講師，厄文則還是牛津大學的學生；但他們為國家帶來榮耀，而國家也榮耀了他們。

他們的名字，我們永誌不忘。

【注釋】

1 原文 Ascensiones 為大寫，指基督的昇天，意指英國登山者的種種表現對其國人精神具有莫大的提升作用。——譯注

第二十九章

注定將被征服的山

一九二四年的探險團曾如此接近峰頂，這證明攀上世界最高峰是一個可能的命題。那座山本身沒有什麼不能被征服的實質障礙；人類已經證明他的體能足以爬上世界最高處。為什麼不就此罷休？科學上所欲知道的，現在都得到了滿足。難道不應該放棄更進一步登山的努力嗎？

無論何種理念會來回答這個問題——無論何種聰明睿智會有話要說——可以確定的是：精神將以強調的語氣回道：不。不，再度的嘗試**不應**被放棄。在生命中，知識並非一切。到此點為止，科學可能滿足了，靈魂卻不。促成這樁事業的，是人的精神，而非科學。精神永遠不能安息，除非它完成了自己。

除了那些曾經非常接近峰頂、深知一切危險與困難，而且曾痛失同志的人，誰有權說出那事關重大的「放棄」一詞呢？然而，就是這些人——這些歷經恐怖狀況而記憶猶新的人，首先說出這句話：「再試一次！」對他們而言，放棄是難以想像的。就在回程的路上，他們就致電促請籌畫下一次行動。是對於陣亡同志的忠誠使他們這麼做。在到達印度之前，他們就曾鄭重其事地坐下來，為了下一次探險的益處，一一列出整個組織細部的經驗談。

目前，聖母峰委員會原先所期待的第四次探險暫時停了下來，因為向西藏政府借道的事發生了困難。這些聰明的西藏人想：英國人一年接著一年派遣龐大的登山團過來，總是由將校級的人物領隊，從來爬不到山頂，而老是繞著山到處打探，還常常窺伺尼泊爾──他們只是為了登山嗎？一定不可能。而且不論他們在山裡做了些什麼，神明已經不高興了，因為前後已有十三個人喪命。最好還是拒絕發給許可，不要冒險惹來政治上的麻煩或山神的憤怒。因為西藏態度如此，所以入境許可很難獲得。目前擋在路上的是西藏人，而且他們可能一擋數年之久。但最終人還是可以走到他要走的路。一個又一個探險團將被送到聖母峰；人將得勝，其確定性一如數學。

現在，那座山桀敖不馴地挺立在那兒，繞山而居的各族全怯懦裹足。任何一年，只要他們想要，他們的體能都足以支持他們攀上峰頂，但他們缺乏那種精神。他們所得到的一切，只是英國人膽敢冒犯以致被神驅逐的畫面。但那座山是注定要被征服的。人類已經知道它最厲害的是些什麼。他知道爬到它上面的精確路徑；他知道護衛著它的雲霧、雪和暴風最極端時是什麼模樣。他也知道，那山的防衛能力不會變，而他進攻的能力卻在增加。那山不能再增高，也不會有更嚴厲的寒冷，或更暴烈的風來防衛它。但人類，當他下次再來時，將會與他上次來時大不相同。他的知識、經驗與精神，都有了進境。他已知道帳篷能搭在二萬七千呎的高度，下一次，他將搭在更高的地方。既然他這次已越過了二萬八千呎，那麼剩下的八、九百呎便嚇不了他。五十年前他尚未爬過二萬一千呎，然後他越過了二萬三千，然後二萬四千六百，然後二萬七千，然後二萬八千。他將達到最終極的二萬九千呎——這是錯不了的。

如果我們將歐岱爾的表現加進來考慮，就會更加確定這一點。歐岱爾差不多嘗遍了聖母峰所能施加於人的痛苦。他不曾參與救援挑伕的行動，因而免受多餘的勞苦，但他曾熬過極度的寒冷與雪暴，因此，他可以作為對抗聖母峰最糟狀況的例子。以下就是他的紀錄：

五月三十一日與六月十一日之間，他在二萬一千呎與二萬三千呎之間上下來回三趟。這在聖母峰探險隊開拔之前，會被看作十分了不得的事。但現在，二萬三千呎已被看成僅僅是起點而已；他那些卓越的表現，從這一點開始。他兩度爬到二萬六千八百呎的帳篷，並稍稍越過；此外，還有一次，他爬到二萬五千二百呎；而他爬到約二萬七千呎那兩次則是在連續的四天內進行的。最後一次爬上去時，他還配戴著笨重的氧氣設備，但僅使用了大約一個小時，而且當時還颳著大風。在歐岱爾的表現中還有另一項特色：在那十二天中，他只花了一天在低於二萬三千呎處，另在二萬五千呎上花了兩天。

現在，假設在關鍵性的那天，亦即馬洛里和厄文出發往山巔走，而歐岱爾爬到位於二萬六千八百呎的第六營那天，歐岱爾待在第六營過夜，而不往下走到基地營；又假設他在第二天也往山巔爬，那麼，他將攀頂成功，豈不是一項相當實際而可能的推斷？事情的經過是：他在同一天回到第四營，第二天到第五營，次日（帶著笨重的氧氣設備）到第六營，之後又回第四營。如果他能做到這些——如果他能從二萬七千呎下行到二萬三千呎，之後又回到二萬七千呎——那麼，他就能從二萬七千呎攀至二萬九千呎；這豈非相當可以確定的事？

無論如何，歐岱爾所做的，加上諾頓和索默威爾分別爬到二萬八千一百呎及二萬八千呎的成就（同樣沒有用氧氣），再加上那些強健的挑伕兩度背負綑包到將近二萬七千呎的紀錄，更確定了前一次探險的發現，並顯示人具有能夠在最高海拔區域調適自己的能力。人的身體官能並非一成不變、毫無彈性。它會隨著奇怪的外在環境所需而隨機應變，並能夠做到在適應的過程尚未完成時似乎不可能做到的事。再者，這些探險也發現，人的心理也一如他的身體，會去適應新的狀況。一旦登上較高海拔，人的心理就接受此事實，而接受此事實又使他更容易登上更高的海拔。挑伕們第二次將綑包送上二萬七千呎處，是很值得注意的一件事。從此，人的心就不再為這個問題「人是否有這項本領」傷腦筋了，因為人已經做到了這件事情。隨著成就越來越高，人對最高成就的獲取，已在心理上越來越有準備。人再一度得知，他越是嘗試，便越能做到更多。

那麼，人有一天將征服那座山是沒有疑問的了。但在那個偉大的日子，那第一位站上峰頂將整座山踩在腳下的人，將會深刻而痛切地承認，他受了前人多少恩惠。因為他們先來開路，他才終於能夠贏得勝利。後世將傳頌為第一位登上世界最高峰者，或許是他的名字，但他的名字永遠應該和以下這些人的名字一塊兒被提起：馬洛里、厄文、諾頓、索默威爾和歐岱爾，還有那些剛毅、強健的挑伕：納普布·伊夏、拉克帕·切第及仙春碧——他們首度證明帳篷可以被帶到距離峰頂一日腳程的範圍內。

***

很可能參加了上一次探險的人當中，沒有一位能夠再參加下一次探險了。所以，那些有此雄心壯志的人應該將自己準備好去贏得那偉大的獎賞。聖母峰委員會仍然「存在中」，以幫助人們從事這項活動。而當委員會取得立場再度提出號召時，希望有人狀況良好，並已有所準備，因為除非具有最強健的身體、心智和精神，聖母峰是無法被打敗的。

***

除了聖母峰，在喜馬拉雅山區尚有不下七十四座超過二萬四千呎的高峰，而它們當中，沒有一座峰頂曾被爬上去過。已有人在它們的峰面上爬到很高的地方，但沒有人攀上其中任何一座的峰頂。聖母峰這幾次探險，雖未能達成主要目標，至少也已證明了這一點：單單海拔這項因素，並不能阻礙人登上任何其他較低的山頭。而如果人認真去攀登它們，將不僅讓自己最終能夠適於和聖母峰搏鬥，並將為自己打開一整個無盡寬廣且絕對值回尋訪之苦的絕美新世界。

而從事這些山峰的攀登時，但願他們能夠帶著喜馬拉雅的山民同行。但願為了營救困在北坳的挑伕所做的犧牲，終究沒有白費。我們與這些山民的交誼，由布魯士奠基，經諾頓、索默威爾和馬洛里之手加以鞏固與確保。但願這番交情能夠繼續維持與發展，則當有朝一日又能進攻聖母峰的時候，但願能倚重剛健喜馬拉雅山民的親愛精誠與赤膽忠心，而終能大功告成。

附錄一

法蘭西斯・楊赫斯本小傳

中文名榮赫鵬，一八六三年出生。英國軍官，也是十九世紀最著名的英國探險家之一，旅遊範圍多在印度北部和西藏地區，對地理研究方面貢獻良多，二十四歲時曾隻身穿越戈壁沙漠，還曾發現一條從中國通往印度的新路徑。

他於一八二二年入伍，一八八六至一八八七年間從北京穿越中亞抵達葉爾羌（今新疆境內），之後借道喀喇崑崙山廢棄已久的慕士塔格隘道（Mustagh Pass）續行至印度，驗證了這座山正是印度和土耳其斯坦水流的分界處。之後，他又到中亞進行了兩次探險，這次的目標是帕米爾高原。

經過多次申明英國要取得與西藏通商的意願後，印度總督柯松爵士（Lord Curzon）授權楊赫斯本帶領一支武裝護衛隊穿越邊境進入西藏，目的是協商貿易和邊境條款（一九〇三年七月）。在嘗試展開協商未果後，在麥當勞總司令（Major General James Macdonald）的命令下，英國士兵入侵西藏，在古魯（Guru）屠殺了六百名西藏人。楊赫斯本則再深入至日喀則，進行第二次展開通商協商的努力，但依舊失敗。之後，他帶領英國軍隊進軍禁城拉薩，迫西藏統治者達賴喇嘛於一九〇四年九月六日簽訂了「英西藏條約」（Ango-Tibetan Treaty），為英國贏得希冀已久的貿易條件。這個行動使他在一九〇四年榮獲騎士勳章。

之後，楊赫斯本勘查了布拉馬普特拉（Brahmaputra）河和蘇特勒吉（Sutlej）河，以及印度北部的諸河流。一九二一、一九二二和一九二四年，他還曾以英國皇家地理學會主席身分，三次組織探險隊試圖攀登聖母峰，但都以失敗告終。

這位身邊縈繞無數複雜故事的帝國時代的軍人，同時也是位運動健將，曾經保有三百碼短跑世界紀錄。此外，他還是位作家，著作多本，包括：《深入大陸洲之心》（*Heart of a Continent*, 1898）、《印度和西藏》（*India and Tibet*, 1912）及《挑戰聖母峰》（*Everest: the Challenge*, 1936）等。這位一言難盡的人物在入侵西藏後，又彷彿得到天啟，放下帝國主義的屠刀，晚年成了宣揚藏密的神秘主義者，甚至帶領西藏高僧到英國與大哲學家羅素辯論。

一九四二年七月三十一日，他在英國多塞特郡（Dorset）的利塞特明斯特（Lytchett Minster）逝世。

有關楊赫斯本一生的傳奇，可參考馬可孛羅出版《西藏追蹤》一書。

附錄二

聖母峰攀登史（一八四一至二〇〇一年）

一八四一年　喬治．埃佛勒斯爵士調查印度地區，首次記錄聖母峰位置。

一八四八年　當時統治印度的英國從一一〇哩外測量出Peak b的高度為三萬零兩百呎。

一八五二年　三角測量法發現Peak b是世界上最高的山峰。

一八五四年　Peak b被重新命名為Peak XV。

一八五六年　調查員安德魯．沃夫（Andrew Waugh）成功測量出Peak XV的高度為八八四八公尺（二九〇〇二呎）。

一八六五年　Peak XV更名為埃佛勒斯峰（Mt. Everest），以紀念喬治．埃佛勒斯爵士，這是西方世界通用的名稱。在尼泊爾側，人們稱聖母峰為薩迦瑪莎（Sagarmatha），意指「天后」；西藏側人們稱珠穆朗瑪（Chomolungma），意指「世界之母」。

一九〇三年　印度總督柯松公爵（Lord Curzon）考慮到俄國勢力在西藏的擴展，派遣楊赫斯本（Sir Francis Younghusband）入西藏交涉「邊界和通商」問題。藏人拒絕其入境，楊赫斯本遂帶領一支英國軍隊強行進入拉薩。隨後達賴喇嘛逃亡至蒙古，英藏於一九〇四年九月定下合約。

一九〇四年　楊赫斯本的一名手下懷特（J. Claude White）從九十四哩外的康巴宗拍攝了聖母峰的東側。這並非聖母峰的第一張照片，卻是第一張顯示出這座山脈重要細節的照片。

一九〇七年　英國印度調查局成員辛恩（Natha Singh）獲得允許從尼泊爾境進入聖母峰山區。他繪出杜德郭西山谷（Dudh Kosi valley）的地圖，這是從南側登聖母峰的入口，可通往庫布冰河（Khumbu Glacier）。

一九一三年　英國軍官諾爾（John Noel）上尉扮裝進入西藏（當時西藏已實施鎖國政策），試圖從西藏側找到最佳登聖母峰路線。他來到距離聖母峰六十哩處，卻被一座不見諸手中地圖的山脈意外阻斷去路。他見到聖母峰峰頂三百公尺突出於雲霧中，描寫道那是「覆著白雪的閃耀岩錐」。

一九二〇年　達賴喇嘛見中俄政治局勢稍緩，於是開放西藏側讓人進入，英國皇家地理學會和英國登山協會於是聯手組成「聖母峰委員會」，著手組織探險隊登聖母峰。隨後即展開三次遠征聖母峰活動，詳細內容請見諸本書《聖母峰史詩》。

一九二一年　英國遠征隊首次嘗試攀登聖母峰，確定北側登山路線。

一九二二年　第二梯次英國遠征隊挑戰聖母峰失敗，七名雪巴人因雪崩喪生，這是人類首次喪生在聖母峰。

一九二四年　第三梯次英國遠征隊不靠氧氣登至八五八〇公尺處，馬洛里（George Mallory）和厄文（Andrew Irving）兩位傳奇人物失蹤在聖母峰高處，沒有人知道發生何事，一段傳奇就此開始。

一九三一年　三月十九日，英國聖母峰委員會重新成立，推派古登諾夫（Sir William Goodenough）為主席。考慮到美國和德國的登山家紛紛創立新紀錄（德國人甚至已多次嘗試攀登干城章嘉峰），委員會再次尋求派遣遠征隊登聖母峰的可能。但未獲達賴喇嘛允肯。

一九三三年　四月三日，兩架配備渦輪增壓引擎的英國威斯蘭雙翼機（Westland biplane）首度飛渡聖母峰。四月十九日又再次嘗試，但兩次都未能成功拍攝到聖母峰峰頂的風貌。

一九三三年　第四梯次英國遠征隊嘗試登聖母峰，仍以失敗告終。

一九三四年　為人古怪且無登山經驗的英國人威爾森（Maurice Wilson）企圖獨攀聖母峰，他的屍體後來被發現在六千四百公尺處，沒人知道他曾到過多高。

一九三五年　第五梯次英國遠征隊嘗試攀頂，後來與紐西蘭人希拉瑞（Edmund Percival Hillary）爵士同登上聖母峰頂的雪巴人丹增（Tenzing Norgay）以挑伕身分加入隊伍，這是他第一次踏足聖母峰。此行因天候不佳亦失望歸國。

一九三六年　第六梯次英國遠征隊組成，這回輕型收音機首次被帶上聖母峰。但因季節雨提前於五月二十五日來臨，故告失敗。丹增也參與了此次遠征。

一九三八年　第七梯次英國遠征隊組成，丹增亦參與了此行。考慮到一九三六年阻於季節雨提前來臨，他們在四月六日就提早抵達絨布冰河，並在三星期後在北坳下設立第三營，無奈卻因天氣太冷而無法繼續前進，轉而撤退到卡達河谷。但一星期後再回來時，季節雨卻不可思議地在五月五日來臨，雖奮力在海拔八二九〇公尺處建立了第六營，並進行了幾次攻堅行動，但均阻於積雪深厚，最後無功而返。

一九四七年　「喜馬拉雅委員會」（the Himalayan Committee）接替聖母峰委員會成立，

亦由英國皇家地理學會和英國登山協會合組。

一九四七年　加拿大裔英國登山家丹曼（Earl Denman）非法嘗試攀登聖母峰，帶著雪巴人達瓦（Ang Dawa）和丹增，這是丹增在間隔九年後第四次嘗試登聖母峰。在險些被逮捕下，這三人抵達絨布冰河，卻因裝備不佳而受苦於寒冷，後雖憤起嘗試攀登北坳，仍自承失敗而歸返。丹曼隨後因靴子磨損而被迫徒腳走完部分往大吉嶺的歸途。

一九四九年　尼泊爾政府首次准許外國隊伍攀登聖母峰。

一九五〇年　十月，中共進攻西藏，西藏政府流亡，北側聖母峰攀登作業關閉；尼泊爾政府全面開放南側，從此聖母峰攀登舞台轉向南面。

一九五二年　雪巴人丹增與瑞士遠征隊成員拉伯特（Raymond Lambert）試圖由東南稜轉南峰攀登聖母峰，雖然沒有成功，卻為次年英國隊成功登頂打下基礎。

一九五三年　英國遠征隊在杭特（Colonel John Hunt）領軍下從南側再次挑戰聖母峰，最後由雪巴人丹增與紐西蘭人希拉瑞爵士在五月二十九日經由東南稜首登聖母峰。

一九五五年　聖母峰高度修正為八八四八公尺。

一九六〇年　由二百一十四位男女組成的中國西藏登山隊，首次由北面登頂聖母峰。

一九六三年　惠塔克（James Whittaker）成為首位登頂聖母峰之美國人。

一九六三年　五月二十二日，烏所爾德（Willi Unsoeld）與霍恩貝因（Tom Hornbein）首次由西脊轉北壁登上聖母峰，並由東南稜下山，成為第一隊縱走聖母峰隊伍。

一九七三年　尼泊爾人塔馬格（Shambu Tamang）以十八歲之齡登上聖母峰，創最年輕紀錄。

一九七五年　五月十六日，日本人田部井淳子（Junko Tabei）經東南稜成功登頂，成為第一個登上聖母峰頂的女性。

一九七五年　西藏女子潘多（Phantog）在日本人田部井淳子之後幾天成功由西藏側登頂，成為第二位登頂的女子。

一九七五年　哈斯頓（Dougal Haston）與史考特（Doug Scott）首次由西南山面登上聖母峰。

一九七八年　五月八日，人類首次不藉助人工氧氣登上聖母峰，奧地利人哈貝勒（Peter Habeler）與義大利人曼斯內（Reinhold Messner）經東南稜創下此紀錄。

一九七八年　第一位歐洲女性魯基威茲（Wanda Rutkiewicz，波蘭人）登上聖母峰，後來並成為有史以來最偉大的女登山家。

一九七九年　舒馬茲（Hannelore Schmatz）成功登上聖母峰（第四位女子）後在下山時不幸喪生，成為第一位殉山的女子。

一九七九年　中國開放西藏側登聖母峰。

一九七九年　五月十三日，斯崔菲利（Andrej Stremfeli）與薩普洛尼克（Nejc Zaplotnik）首次完全經由西脊登上聖母峰並由霍恩貝因峽谷（Hornbein Couloir）下山。

一九八〇年　二月十七日，波蘭人威利基（Krzysztof Wielicki）登上聖母峰，成為冬季登頂第一人。

一九八〇年　八月二十日，義大利人梅斯納（Reinhold Messner　）經北坳轉北壁，從他設在六千五百公尺的基地營出發，整整三天不靠氧氣登上聖母峰，成為第一位獨攀聖母峰之人。

一九八二年　第一位加拿大人斯克瑞斯雷（Laurie Skreslet）登上聖母峰。

一九八三年　十月八日，首次經由西脊轉康夏格（Kangshung）山面登頂：萊查爾特（Lou Reichardt）、莫姆布（Kim Momb）和布赫勒（Carlos Buhler）。

一九八四年　首次經北峽谷（North Couloir）登頂：麥卡尼—斯那普（Tim Macartney-Snape）與莫提梅（Greg Mortimer）。

一九八五年　美國人巴斯（Dick Bass）成為當時最老的登頂者，時齡五十五。

一九八六年　五月二十日，加拿大女子伍德（Sharon Wood）成為北美洲第一位登頂聖母峰的女子，同時也是第一位由絨布冰河登上西稜，並經由霍恩貝因峽谷下山。

一九八八年　法國人巴塔德（Marc Batard）經東南稜，創下二十二・五小時登頂聖母峰的紀錄。

一九八八年　首位美國女子阿利森（Stacey Allison）登頂。

一九八八年　紐西蘭女子布拉迪（Lydia Bradey）成為首位不用氧氣登上聖母峰的女子。
一九八九年　墨西哥人托瑞斯（Ricardo Torres）成為第一位登上聖母峰的拉丁美洲人。
一九九〇年　五月十日，第一位登頂者希拉瑞的兒子彼得（Peter Hillary）也登上聖母峰。
一九九〇年　十月七日，首對夫妻結伴登頂：斯洛維尼亞人斯崔姆菲杰夫婦（Andrej & Marija Stremfelj）。
一九九〇年　十月七日，羅契（Jean Noel Roche）與兒子徹布倫（Roche Bertrand aka Zebulon）成為第一對同登聖母峰之父子，當時兒子才十七歲，也打破最年輕紀錄，父子兩人從南坳跳傘下山降落在基地營。
一九九二年　九月二十五日，第一對兄弟同登聖母峰：伊穆拉坦古兄弟（Alberto and Felix Inurrategui）。
一九九三年　四月二十三日，第一位尼泊爾女性雪巴人拉穆（Pasang Lhamu）登上聖母峰，但在下山時不幸喪生。
一九九三年　第一位台灣人登頂：吳錦雄。

一九九五年　第一位巴西人登頂：尼連威契（Waldemar Niclevicz）。

一九九五年　聖母峰山難傳奇馬洛里的孫子喬治（George Mallory，與祖父同名）登上聖母峰。

一九九六年　世紀大山難，包括當時最成功的商業嚮導霍爾（Rob Hall）在內的十五人死於同一登山季。

一九九六年　雪巴人瑞塔（Ang Rita，一九四七年出生）第十次登頂聖母峰（一九八三、一九八四、一九八五、一九八七、一九八八、一九九〇、一九九二、一九九三、一九九五、一九九六，全都沒有使用氧氣）。

一九九六年　五月二十日，首次由北北東峽谷登頂：庫茲內諾夫（Peter Kuznetzov）、郭和諾夫（Valeri Kohanov）及塞米郭連葛夫（Grigori Semikolenkov）。

一九九六年　義大利人卡莫蘭德（Hans Kammerlander）成為由北坳經北脊經北壁路線登頂的第一人，他於五月二十三日下午五點離開位於海拔六千四百公尺的基地營，花了十六小時四十五分，在第二天早上九點四十五分登頂聖母峰，下山時大部分採滑雪方式。

一九九九年　五月六日，雪巴人巴布．契里（Babu Chiri）在聖母峰頂停留二十一小時又三十分鐘。

一九九九年　五月十二日，喬治亞人薩基所夫（Lev Sarkisov，一九三八年二月十二日出生）成為最老登上聖母峰的人，但其紀錄不久就被打破。他登上峰頂時為六十歲又一百六十一天大。

一九九九年　傳奇山難人物馬洛里的屍體被尋獲，由西蒙森（Eric Simonson）領軍的遠征隊發現他的屍體，但仍無法解開他們是否登頂與山難原因之謎。

一九九九年　美國國家地理學會修正聖母峰高度為八八五〇公尺（二九〇三五呎），但尼泊爾政府拒絕承認。

二〇〇〇年　雪巴人巴布．契里以十六小時登頂，創下尼泊爾側最快登頂紀錄。

二〇〇〇年　雪巴人阿帕（Apa）第十一次登頂。

二〇〇〇年　波蘭人契威斯卡（Anna Czerwinska，一九四九年七月十日出生）於五月二十二日創下紀錄，成為最老的女性登頂者，她當時五十一歲。

二〇〇〇年　首次完全以滑雪下山：斯洛伐尼亞人卡爾尼卡（Davo Karnicar）。

二〇〇一年　一九九〇年與父親一同創下登聖母峰父子檔紀錄的徹布倫，在這一年偕同妻子克萊兒（Claire Bernier Roche）從聖母峰頂跳傘下山，並在八分鐘後成功降落基地營，成為第一對一起從聖母峰峰頂飛下來的夫妻。

二〇〇一年　首次以雪板（snowboard）下山：奧地利人賈特（Stefan Gatt）。

二〇〇一年　首次完全以雪板下山：法國人希夫瑞迪（Marco Siffredi）。

二〇〇一年　十六歲的雪巴人騰巴・瑟里（Temba Tsheri）打破最年輕登頂紀錄。

二〇〇一年　美國人布爾（Sherman Bull）以六十四歲高齡成為登聖母峰最年老者。

二〇〇一年　美國人懷海麥耶（Erik Weihenmayer）成為第一位登上聖母峰的盲人。

二〇〇一年　第一位西藏牧民騰杜普（Karsang Tendup）成功登上聖母峰。

探險與旅行經典文庫 010 ML013

聖母峰史詩

The Epic of Mount Everest

作者　法蘭西斯・楊赫斯本爵士 Sir Francis Younghusband
譯者　黃梅峰
封面設計　兒日
排版　張彩梅
校對　魏秋綢
策劃選書　詹宏志
總編輯　郭寶秀
編輯協力　廖佳華
行銷業務　許芷瑀

發行人　凃玉雲
出版　馬可孛羅文化
104台北市民生東路2段141號5樓
電話：886-2-25007696
發行　英屬蓋曼群島商家庭傳媒股份有限公司城邦分公司
104台北市中山區民生東路2段141號11樓
客服服務專線：(886)2-25007718；25007719
24小時傳真專線：(886)2-25001990；25001991
服務時間：週一至週五9:00—12:00；13:00—17:00
劃撥帳號：19863813 戶名：書虫股份有限公司
讀者服務信箱：service@readingclub.com.tw
香港發行所　城邦（香港）出版集團有限公司
香港灣仔駱克道193號東超商業中心1樓
電話：(852)25086231　傳真：(852)25789337
E-mail：hkcite@biznetvigator.com
馬新發行所　城邦（馬新）出版集團 Cite (M) Sdn Bhd.
41-3, Jalan Radin Anum, Bandar Baru Sri Petaling,
57000 Kuala Lumpur, Malaysia.
電話：(603)90563833　傳真：(603)90576622
讀者服務信箱：services@cite.com.my
輸出印刷　中原造像股份有限公司
二版一刷　2022年2月
定　價　499元

ISBN：978-986-0767-71-1（平裝）
ISBN：9789860767742（EPUB）
城邦讀書花園
www.cite.com.tw

國家圖書館出版品預行編目（CIP）資料

聖母峰史詩／法蘭西斯・楊赫斯本爵士（Sir Francis Younghusband）作；黃梅峰譯. -- 二版. -- 臺北市：馬可孛羅文化出版：英屬蓋曼群島商家庭傳媒股份有限公司城邦分公司發行, 2022.02
面；　公分 --（探險與旅行經典文庫；10）
譯自：The epic of Mount Everest
ISBN 978-986-0767-71-1（平裝）

1. CST：登山　2. CST：聖母峰

730.8321　　110022195